寺檀の思想

大桑　斉

法蔵館文庫

本書は一九七九年、教育社より刊行された。

目次

寺檀の思想

はじめに——概観をかねて——

ちょっと静まってきたようであるが、一時はルーツ・ブームが大変な勢いであった。役場の戸籍係りや図書館の系譜専門家のみならず、寺の住職も仲々いそがしかった。公式記録だけでは満足しない人々が、寺の過去帳に目をつけ、老住職から何かを聞き出そうというわけで、何十年ぶりかで参りましたという参詣者?が訪ずれることもめずらしくなかった。

しばらく前まではこんなことはなかった。どこの家でも、古いことをよく知っているお年寄りがいたし、故郷の実家や親戚を訪ねればたいていのことはわかったものであるが、人々が故郷をはなれ、核家族化が進行し、さらには故郷そのものが消滅していきつつある現今、このようなルーツ・ブームがおこるのも不思議ではない。まして、いかに核家族化が進み、マイホームが人々のよりどころとなったにしても、家族が命を失うことがなくなったわけではない。その時葬式となると、どこの寺へ頼むのかもわからず、墓を造ろうにも、どこにしたらいいかもわからなくなる。葬儀社にやとわれて、何宗の葬式でもこなせる僧侶が出現し、墓地公園は大流行ということになる。けれども、初めて会った僧侶に葬式をゆだね、何のゆかりもない墓地公園に葬っているうちに、自分たちの先祖の地を思い出し、故郷の寺を探すことになる。ルーツ・ブームがおこったのも、けっして理由のないことではなかった。

ついこの間まで、人々は昔からきまった寺をもち、墓地をもっていた。そしてそれはごく当然のこととして誰れも疑うことがなかったのであるが、つらつら考えてみれば誠に不思議なことである。旦那寺が同じ町や村にあるような場合はさほどでもないかもしれないが、近くに寺がありながらそことは無関係で、何かのときには遠くの寺から僧侶がはるばるやってくるというような場合、いったいどうしてそんなことになったのかという疑問をもつのは当然のことであろう。

よくいわれることは、檀家と旦那寺の関係は江戸幕府がキリスト教を禁圧するために、全ての民衆にどこかの寺の檀家となることを強制したからだという説明である。なるほどこういわれると、特定の寺との関係が昔から続いていたということの理由はわかるような気になるが、それなら、どうして村の寺ではなくて遠い町の寺の檀家になったのだろうかという疑問、また江戸幕府が強制したのなら、幕府が倒れた明治以後になってもその関係が続いたというのは何故だろうかという疑問などが残ってくる。

こうした疑問は、寺に生まれた著者が、早くからもっていたものである。そして寺檀制をテーマに選んで研究生活を始めたのも、こうしたところに理由があった。やがて教えられたことは、寺檀関係とは、檀家という「家」と、寺の住職家という「家」の関係が基本になっているということであり、ここに視座をすえないことには明らかにならないということであった。森岡清美氏の「寺院は住職家を中核ないし棟梁とする檀家群の家連合」というテーゼや、竹田聴洲氏の、家とは系譜関係を本質とする故に、本来的に祖先崇拝の座となるという発言に強く引きつけられたのである。

本書のテーマ「寺檀の思想」を与えられたとき、家を基盤にした仏教思想というイメージがまず浮かんだ。それは、家を基本構造とする幕藩制下の仏教思想を明らかにすることであり、そこから、幕藩制そのものの本質を究明する途が開かれるはずであり、あるいは、そこに成立した寺檀関係を、現代にまで存続せしめた日本近代の家的構造という課題にまでいたりうる問題であると考えたのである。結果的には、近代の問題についてはアプローチすらできずに終わったけれど、近世に関する右のような思いは、ある程度本書の内で展開しえたのではないかと思っている。

本書で明らかにしたかったのは、近世民衆の家の成立が寺檀関係の基盤を準備し、それらを檀家として把握することにおいて近世的な寺院が成立し、ここに結ばれた寺檀関係が、幕府によって制度化されて寺檀制度となったということであり、そのとき仏教側も、統制され強制されただけではなく、むしろ積極的にこれをおしすすめたのではないかということである。その中心人物として鈴木正三をとりあげてみた。彼の思想は、衰退した仏教を復興せんとする念願の下に形成されたもので、その仏教復興は、幕府によって寺院僧侶が民衆教化の役人とされるところに実現すると思惟されている。ここに、寺院僧侶をして民衆がキリシタンでないことを証明する寺請思想の原理が見られると考える。従ってまた寺請制とは、単なる民衆統制にとどまらず、士農工商四身分の枠外にある宗教的特殊身分として認められた寺僧が、幕府という世俗的権力の民衆統制を保証する体制であり、それが網のタテ糸であるなら、寺請はヨコ糸となることにおいて、幕藩制国家を成り立たせているのである。

幕藩制国家における寺請の位置がこのようなものであれば、寺請の主体者たる寺僧を統括する教団は、国家のイデオロギー装置という性格をもつ。従って教団の思想、つまり教学は、幕藩制国家の民衆支配を補完するものであるが、それは民衆思想・信仰に充分な基盤をもつものでありつつ、これを換骨奪胎することにおいて、民衆をして支配を受け入れ、さらには支配へ積極的に参加せしめる機能をもつものでなければならない。民衆思想としての唯心弥陀思想、教団教学としての蓮如イズム、これらを素材として異義・異端とのかかわりにおいて考えようとしたのはこうした点である。

なお、序章に取りあげた「加賀の任誓《にんせい》」という人物は、さほど著名ではないけれど、その生涯と思想をみることにおいて、本書で考えようとしたさまざまな問題へのアプローチが可能となる。私事にわたるが、主として社会経済史的方法による教団構造の研究から、思想史研究の方向への橋わたしを試みた最初の研究となったのが任誓を対象としたものであった。その意味からも本書では序章として取りあげ、寺檀関係と近世仏教思想の間をつなぐ位置をあたえたかったのである。

いま、各宗教団はこぞって寺檀関係の近代化につとめ、信仰に立脚した教団をめざして運動し、そこにはさまざまな問題が惹起されている。その一方でルーツを求めて旦那寺を訪ね、孤立した核家族がつかのまの親族との交流を求めて年忌法事を盛大に営んでいる。この奇妙なアンバランスの上に、現代教団は存在しているのである。寺檀関係を問題とし、それに立脚した幕藩制国家を取りあげ、さらに幕藩制教団教学や民衆信仰を考えようとするのは、現代教団を考えようとする一つの礎石を提示したいためであり、現代教団の問題が、野間宏氏が指摘したように、日本文化の問題であるということを考えようとするものである。

思えば、研究を志してやがて二十年に近い今、ようやく一冊を書きあげることができた。初めてのこととて大言壮語のみ多いものになったような気がする。このつたない研究のあゆみにおいては、今回のこの機会を与えていただいた恩師下出積與先生を始めとして、お世話になった方々は、あまりに多い。いちいちの御名前は省略させていただき心からの感謝をささげるとともに、未熟さを深くおわび申し上げたい。

昭和五十三年大晦日

大桑　斉

序章　加賀の任誓

獄死した信仰者

享保六年（一七二一）夏というから、江戸時代も半ばに近い八代将軍吉宗の治世の頃、ここ加賀国の穀倉地帯能美《のみ》の平野に点在する村々の道場では、連日のようにお講が開かれていた。その昔、この地方の真宗門徒が信長の包囲を受けていた本願寺へ馳せ参じて奮《は》戦し、その功によって教如《きようによ》上人から賜ったという御開山親鸞聖人の影像が村々の道場を巡回し、その前で説教が語られていた。郡中御影と呼ばれ、人々の誇りであるこの御影は、年一回この地方の十八の直参道場を巡回するならわしで、例年聴聞《ちようもん》に集まる門徒で大にぎわいをみせるのであるが、今年は有名な篤信者である手取谷《てどりだに》のニッセサマのお説教があるというので「日により千四五百人、又は千人ばかり、七八百人」もあつまるというにぎわいをみせていた。あまりにも聴聞の門徒が多いので、加賀藩の御咎《おとがめ》をうけてはと思ったニッセサマは、とうとう途中で説教をやめて手取谷へ帰ってしまわれたほどであった。けれどもこのことが知れると、加賀藩は「御郡方において一向宗説法仕候由ニ而、百姓共大勢集リ、改作之御法義違申体ニ付」という理由で、ニッセサマに外出禁止を申し渡したのであった。その上翌々年の享保八年の九月にはニッセサマを捕え、河北郡能瀬村へ送って板囲いの牢に入れた。このとき、能美郡二曲村《ふとうげ》の十村（大庄屋）与兵衛を始め、能美平野の百姓たち十人も捕えられて各地にお預けの身となったのである。

任誓《にんせい》という法名をもつこの事件の主人公は捕えられて間もなく牢死したけれど、地元の人々からはニッセサマの名で慕われつづけ、さまざまな伝説まで生みだしている。彼はいったいどういう人物で、何が故に人々に慕われ、そしてまた捕えられて獄死しなければならなかったのであろうか。任誓の事件を追究するところから江戸時代の仏教、つまり寺檀の思想の問題点があきらかになってくると思うのでこのことから始めていきたい。

民衆の任誓観

この任誓という人物については、すでに江戸時代に書かれたものがある。まずそれらを紹介して任誓という人物のアウトラインをつかんでおこう。文化十四年（一八一七）加賀小松の住人夏炉庵耒首と名のる一文人の『寝覚《ねざめ》の蛍《ほたる》』という見聞録に次のようにみえる。

明和年中に小松寺庵騒動あり、其濫觴《らんしょう》を委《くわ》しく尋るに、貞享・元禄の頃かとよ、能美郡二曲村に任誓と云一向宗の禅門有ける。一宗の博識、身の行ひも正しき僧なりと聞一郡挙《あ》げて尊信す。諸寺衆僧其人の尊ぶを猜《ねた》みにくんで、邪法なりといひふらし、終に本山へ訴ふ。其頃は上人一如《いちにょ》、任誓を召さる。本覚寺歓喜院と云院主差添ひ出られたり。則《すなわち》上人の前へ博学の僧侶列座して、任誓に法問をなさしむ。任誓臆する色なく、一宗の旨を堂々として詳《つまびらか》に説きければ、一如上人斜ならず感賞し給ひ、汝が説く所一言一句の誤なし、此上は宗意違ひなきことを示らしめん為なりとて、任誓へ御書を被下《くだされ》たり。此御書歓喜院預りて永く此寺にとどまりしが、其後回禄して焼亡し、今其写ありと聞く。偖《さて》任誓其後弥尊敬せられて、仏のごとくいひなせり。頑《かたくな》なる衆僧猶《なお》々ねたましく思ひ、此度は国政へかけて、邪法なりと寺社所へ屢《しばしば》訴へければ、衆口金を鑠《とか》し、後に御上の疑を蒙り獄中にて死せり。

夫より任誓派と唱て、堅く国禁となれり。

任誓という人物は貞享・元禄期（一六八四〜一七〇四）に能美郡二曲村にいた真宗の門徒であって、篤信者として郡内の尊信をうけたために坊主たちがこれをにくんで本山へ邪法として訴えたけれど、ぬれぎぬであったことがわかって、かえって法主から感賞をうけた。けれども坊主たちが今度は藩へ訴えたので捕えられて獄死した、というのである。著者の夏炉庵はこのような任誓に同情的であり、無実の罪によって殺されたとみていることを右の文章からうかがうことができよう。夏炉庵に代表される地元の人々は、任誓を殉教者とみなしているといってよい。

教団の任誓観

ところが、右の書で任誓をざん訴したとされている諸寺衆僧、つまり、本願寺教団の側にいわせると、任誓はまちがいなく邪法を説いた人物であり、極悪人ということにされている。夏炉庵が任誓に同情した記事を著すより前の明和五年（一七六八）に、任誓派の残党による異安心（異端信仰）事件に対処するために、北陸へ下向した東本願寺の使僧澍法庵慧皓は、

五十年ハカリノムカシ、加賀ノ国能美郡別宮谷ニ曲村ト云処ニ、任誓ト云モノアリテ、聖人先作ノケガニモノ玉ハヌ邪義ヲヒロメシニヨリテ、加賀ニハ其邪義ガ段々ニヒロマリシユヘ、寺法ノ咎《とがめ》ヲ待タス国方ヨリ御トカメアリテ、任誓ハ云ニ不及、其余類ノモノマテ板タクミノ牢ニオシコメラレ、任誓ハ土牢ニマテ入リシトナリ。……任誓法義ハ念仏ヲ申ソウト思フハ自力ナリ。只心力虚空《こくう》ノ如クナラネハナラヌト教ル、甚悪教也。是教ニ不可随。ヲソルヘシ〳〵。任誓ノ作書、農民鑑、聞名歓喜讃、其外書アリトナン。（『御書写』故上杉慧岳氏蔵）

と演説しており、任誓は恐るべき異義者である故に、藩によって入牢せしめられたという。あるいはまた、右の澍法庵慧皓より少しあとの易行院法海という東派の講師は『十八通異安心考』という書のうちの、再々往の異義という項目で、

此の再々往の処は心も言も払ひのけて、唯不思議と仰せられて念仏申計りなり。是こそ我が祖の御正意なりと云ふが再々往の義也。……先年京都の噫《あ》慶《けい》、加賀の任誓と云ふ人は、皆再々往の異解たり。

というように任誓の異義内容を説明している。同じ頃の皆往院鳳嶺という学匠も『安心決定鈔記』という著書で、

近来末学及ビ同行マデ機ヲ奪フテ弥陀ノ方ニツケタルガ、西山ノ離三業ニ紛《まぎ》レテナラヌ。……スデニ加賀ノ任誓ナドノ教ヘガミナ信ズル喜ビヲ行者ノ機ニオカヌヤウニハラフタ

と任誓の信仰を批判している。これら教団の学匠たちの任誓についての見方は、異義者であったという点で一致しており、しかもその信仰を「只心ヲ虚空ノ如クナラネハナラヌ」とか、「心も言も払ひのけて唯不思議」と念仏するとか、「機ヲ奪フテ弥陀ノ方ニツケタ」とかいうように、一切を自力として放棄するようなものであるとみているのである。このような信仰は任誓ばかりではなかったようだ。たとえば寛政十一年（一七九九）に本山から異義であるとして調理をうけた江州の光常寺の信仰に対する批判のうちに、それとよく似た異義として任誓のことと思われる異義があげられている。

北国に先年一類の法義あり。夫れは何と云ふに、甚だ機を払って、念仏を申すも信ず

ると云ふもみな行者の計ひ也。なんにもないが信心ぢやを執じゐた。即ち、喜ふもいや、喜ばぬもいや、いやもいや、只茶を飲んでねたりおきたり。之か信と云ふものぢやと執じた。此の勧めの趣が、やがて似たものぢや。(『異安心御教誡』)

夏炉庵という地元の一文人は、任誓は異義者ではなかったどころか、大変立派な信仰者であったとのべ、教団の学匠たちはこぞって任誓を異義者であると断罪しているのである。任誓をみる目が民衆と教団とでは大きなくいちがいがあることが知られるが、どうしてこんなことがおこったのであろうか。近世における民衆とその信仰、そして教団とは、あるいは、そこに成立している近世仏教とはいったい何だったのか？　こうしたことを解かないかぎり、二つの任誓観の問題は解決しないし、それこそ本書のテーマである。まずは任誓の全体像を明らかにしながら、さまざまな問題を引き出していこう。

任誓の素姓と運動

出生と修学

白山から発する加賀第一の大河手取川が、北に向かって流れながら、白山山系の丘陵を細長い袋のように浸蝕して切り開いた手取谷は、中世には山内庄と呼ばれ、白山神領、一向一揆の最後の拠点となったところで、加賀の平野地帯からは一種の別世界のようにみられていたところである。この手取谷の中ほど、二曲《ふとうげ》村で任誓は生まれた。任誓の伝記史料はまとまったものがないので『鳥越村史』などに収められた口碑《こうひ》・伝説や、断片的史料によって考えていくと以下のようになる。二曲村は手取谷の中心、別宮の隣村で、任誓の母は、手取谷半分を支配する十村（大庄屋）与兵衛の娘であったらしい。父はだれか不明であるところから、二つの伝説が生まれた。任誓の父にあてられる第一の人物は、加賀一向一揆の最後の拠点であった別宮・二曲城を攻めて谷を村人の血でうずめ、鬼といわれた佐久間玄蕃允盛政である。また、一人は加賀騒動の主人公で、大悪人と喧伝された大槻伝蔵朝元である。いずれも年代的に合致せずに伝説の域を出ないけれども、この二人が任誓の父にあてられたのは、任誓が加賀前田家にとって恐るべき人物であったことを伝えようとする意味のように思われる。

このように、十村与兵衛の娘の父なし子として任誓は生まれたのであるが、元禄十年（一六九七）の彼の著書『農民鑑』（巻末付録参照）に「我幸に北陸加陽の民家に生まれて四十年」とあるところから逆算すると、万治元年（一六五八）の生まれということになる。幼名を与三郎といったと伝え、牛方をしながら、牛の背にのって読書にふけるような、向学心の強い少年であったという。やがて彼はその出自によってか、故郷をはなれることを思いたち、延宝二年（一六七四）十七歳で京都へ登り、本願寺で下僕をしながら、各方面の学を修めたという。あるいはまた、東本願寺の初代講師として学名の高い学匠恵空（一六四四―一七二〇）の門に入って学んだとも伝える。任誓の京都修学は七～八年ほどであったらしく、天和年間（一六八一～八四）には故郷に帰ったのであるが、残された書などで見るかぎり彼の教養は相当なもので、京都で修学したという伝えはあながちでたらめではない。その教学についての知識も、恵空から学んだと考えてよい点が多々ある。

帰郷と十二日講

任誓の帰郷の理由ははっきりしない。ただ師ともおもわれる恵空が天和三年に退隠して西福寺という寺に入ったのと時期がほぼ一致しており、あるいはこれと何か関連があるかもしれない。また故郷に帰った任誓がどのような生活をしたのかもはっきりしない。任誓屋敷跡というところが今も残されているから一軒をかまえたようであるけれど、妻をもった様子もなく、出家して寺や道場を開いたとも思われず、また自ら鍬を手にしたようでもない。伝えでは母の実家与兵衛家の子を養子にしたともいうから、与兵衛家の隠居のような形ですて扶持をもらって生活したようである。

このままなら何事もなかったが、やがて任誓は北国の冬の夜長に、都の話を聞きに集まった村人を相手に語りあい、そのうちに談は信仰問題に及び、法友ともいうべき人々が集まりだしたから、任誓はこれらの人々と共に十一ヶ村十二日講を結成するにいたったのである。この講の記録である『十一ヶ村御書録記』には、

コ、ハ別シテ辺土ニテ遠山奥ノコトナレハ、老少男女トモニ世渡ニタ、ヨヒ家業ニイトマナケクシテ、本寺末寺へ参詣スルココロサシモオノツカラナシ。タトヒ聊ココロサシアル人モ、ココロサシ輙トケカタケレハ、オノツカラココロサシナキニヒトシ

と、その結成の主旨がのべられている。

たしかに手取谷は「遠山奥」であった。ことに寺檀関係においてはその感が強い。この谷は真宗一色で、他宗門徒はまったくみられないが、それにもかかわらず寺院というものは別宮の妙観寺、吉野谷の願慶寺、相滝の松岡寺の三ヶ寺しかなく、しかも手取谷の人々の旦那寺はこれらの寺ではなく、遠く離れた小松や金沢の大坊であった。だから任誓が寺へ参詣することが容易ではないといっているのは単なる言葉のアヤではない。このため、村々にはこれらの大寺の下道場がおかれていた。村々の同じ旦那寺をもつ人々によって設立され、その内から道場役（オボンサマと呼ばれる）が選ばれて日常的な法務をつとめているが、彼等はいわゆる毛坊主であって、日頃は百姓として手に鋤鍬をもつ身であったから、村人の信仰指導者としてはものたりない人々が多かったであろう。

十二日講の特異性

こうしたところへ任誓が村々を結んで十二日講を作ったことの反響は小さくなかった。つまり金沢・小松の大寺―村々の下道場―檀家というタテの組織に対してこれらを横断するような組織をつくったことになるからである。ただしことわっておくが、ヨコの組織として講をつくること自体それほど珍しいことではない、けれどこれが十一ヶ村という地域的広がりをもち、しかも寺僧の指導の下にではなく、道場すらもたない任誓という在俗の一信者の手によってなされたことが問題であった。「諸寺衆僧其人の尊ぶ所を猜みにくんで」本山へ訴えたというのは、こうしたことを指すものと思う。この訴えにもかかわらず本山では任誓をかえって感賞したということが『寝覚の蛍』でいわれているが、この点は確認できない。これに力をえたためであろうか、正徳四年（一七一四）に任誓は自ら惣代となって本山に登り、十一ヶ村御講へ法主の消息の下付を願い出た。この願いは聞きとどけられ、常如上人の御文を写したものが下付され、これを奉じた任誓は六月二日に下吉谷村に帰った。ここで始めて御紐解があって、それ以来十一ヶ村を一ヶ月交替でこの御書は巡回することになる。この御書には「加州遠山奥十一ヶ村松岡寺　願慶寺　妙観寺　十二日講中」と宛名がある。この三ヶ寺は先に示したように手取谷に所在するが、いずれも独自の檀家はほとんどなく、松岡寺が山内庄惣道場、願慶寺が東谷惣道場、妙観寺が西谷惣道場を称しているように、寺檀関係とは別に、手取谷の人々を信徒とすることで開創された寺であった。だからこの御書は、手取谷の寺檀関係を超えて、谷全体が一つの地縁的信仰組織に包括されたことを確認するものであった。十二日講はこの意味で、現在東本願寺派が信仰運動として力をつくしている同朋会運動とよく似た意味をもつといってもよい。

さらにそうした性格は、その組織が講衆という主体的参加者によって支えられた点においてもみることができる。『十一ヶ村御書録記』には、「御守番」・「講衆」という名簿が付されていて、下吉谷村の四十二人を最大とし、相滝村の八人が最小であるように村によって人数はまちまちで、それらの名前には死亡年月日や「御講入」の日付が記入され、あるいは墨引きで抹消して「代り」として別の名前が加えられたりしているから、家柄とか地位によって固定されたものではなく、何らかの個人的資格や条件によって加入が決定されたものであることを示している。つまり十二日講は、地縁や血縁によって全員が加入するゲマインシャフトではなく、任意加入のゲゼルシャフト、メンバーズクラブであったと考えられ、誓約集団の性格をもつものであった。そのため一種の秘密結社であるとみなされても不思議ではないし、それに対するさまざまな干渉や抑圧が加えられるのも、むしろ当然であった。メンバーそのものは秘密にされた形跡はないが、この御書がしだいに神秘性をもつものとして語られてくる。任誓没後に形成された伝承かと思うが、御書が巡回してきて御守衆の家にあるときは、留守にすることはいましめられ、この禁を破ったものがいたとき、御書が僧形に姿を変じて留守番をしていたとか、逆にこのいましめを守ったため火事をまぬがれたとかいうような話となって残されている。御書が僧形に変じたことから、やがて御書は任誓そのものであるとも観念されるようにもなる。任誓の集団が、一種の誓約集団として、村落という地縁社会のうちにあって、常にこれと緊張した関係にあったことの反映ではなかったろうか。

能美平野への展開

手取谷十一ヶ村の講衆を中核とするこの集団は、やがて外部にもシンパを獲得してくる。たとえば、手取谷を南下して加賀藩領を出、白山麓天領に入ると、その一つ女原村に道場を構えていた慶忍坊道智なる人物がいた。百姓名を古屋孫左衛門といい、いつの頃からか任誓に帰依していたようで、任誓の主著ともいうべき『聞名歓喜講』を授与されているし、『掟之御文和釈』という一書も、彼の願いによって任誓が著したという奥書をもっている。また一方手取谷から西に山を越えた能美平野にも支持者がふえてきた。任誓の有力な支持者となって二十年にわたって交遊をつづけた小松町灯明寺の甥円海が加賀藩に差し出した口上書によると、任誓は享保三年（一七一八）四月頃から能美平野へ出かけ、木場村彦右衛門・原村忠右衛門・岩渕村三郎右衛門・軽海村八右衛門などの家で法談を行った。そこには小松町の浄誓寺、三ッ屋村の宝海寺という僧も加わった。次いで享保六年（一七二一）鶴ヶ島村・下牧村・犬丸村・蛭川村・梯出村・能美村・嶋田村で法談をしたという。これらの村々は、手取谷から三坂峠を越えたところに発して能美平野を貫流する梯川の流域にあり、任誓の活動はこのルートに沿っている。任誓に法談の場を提供した人々はいずれも相当の大百姓と思われるが、その内犬丸村の太右衛門は、郡内ただ一人の御扶持人十村で三十六ヶ村を支配する人物であった。また能美村甚介は、法名を性賢と称して直参道場を営む人物であった。冒頭に示したように、任誓が直参十八道場の守護する郡中御影と結びついたのは、この甚介を介してであった。この年五月任誓がたまたま犬丸村へ出かけたとき、折から能美村甚介が御書の御供をして嶋田村に来ていたのに出会い、乞われるままに御書について法談をし、五、六ヶ村を巡回したのであった。これが藩による徘徊留め処分の直接の理由になっている。

任誓派処分

加賀藩の弾圧

任誓召捕りは、当初の手取谷における信仰活動の段階から進んで、能美一部の真宗門徒が、その昔団結して闘ったシンボルである郡中御影と結びつき、この地方の有力百姓や道場主を与党とし、その説法に大量の民衆が参集することによって、加賀藩がここに危険なものをみたところによっている。能美郡の隣の江沼郡は大聖寺藩領であるが、任誓召捕りの十年ほど前の正徳二年には空前の大百姓一揆がおこっていたことも、加賀藩が任誓の運動を危険なものとみたことの一つの原因であったようである。けれども加賀藩は、任誓を正面切って異義者であるという理由で捕えることはできなかった。『加州御郡方旧記』という書物によると、先にも示したように任誓の説法が藩農政のさまたげとなるという理由で任誓を外出禁止＝徘徊留めの処分とし、その後任誓がこの禁止を破ったということが召捕り入牢の理由になっており、その法義が異義であるということはふれられていない。任誓に連座した人々も、彼の徘徊を補助したという罪名である。加賀藩という世俗権力は、日蓮宗不《ふ》受不《じゅふ》施《せ》派《は》やキリシタンのように国家的に邪法と認定され禁止されたものはともかく、国家的に存続を許された宗教にもとづく信仰の正邪を判定したり処断したりする権限をもっていなかったのである。そこで加賀藩は、任誓の運動をつぶすには徘徊留めとその違犯という別件逮捕による方法しかなかったのである。

本願寺での取調べ

加賀藩の任誓処断におどろいたのは加賀の真宗教団であった。任誓の捕えられた六日後の享保八年九月二十四日には、触頭金沢専光寺が、任誓に随逐したとみられる十ヶ寺の名を本山に注進し、小松本蓮寺もこれに習って六ヶ寺を召喚して取調べを行った。加賀藩寺社奉行もこれに呼応して専光寺・本蓮寺にこれらの寺々の取調べを命じ、その結果、十月十八日には寺社奉行によって金沢浄誓寺・同隠居孤月庵・金沢浄照寺および小松浄誓寺・宝海寺・灯明寺円海・真入寺源海に閉門・遠慮の処分が通告された。その理由は「二曲村任誓と申俗人江法義密談せしめ、重々不届之仕形」というものであった。つまり僧でありながら俗人の法義に従ったということであろうか、すこぶるあいまいなものである。また十一月八日には、専光寺は、これらの僧たちの寺を組合預りとすることを申し渡したのである。ここで専光寺が処分したのは、加賀藩真宗寺院触頭としての職分によって、藩法に従ってのことであった。だからここでも、任誓およびその一党の異義性の問題にはまったくふれることができなかった。

このような藩法上の処分は、享保九年十一月に藩主帰国の恩赦として解除されたが、これをうけて次に寺法上の問題として翌十年正月二十五日より本山で取調べが開始された。このとき冒頭で任誓派の中心人物である金沢浄誓寺・同隠居孤月庵および宝海寺の三僧は任誓という俗人と法義談合したということが国法上の罪となること自体問題であるとして無罪を主張し、次いで専光寺から出された告発状ともいうべき十ヶ条の疑義について反論した。その要点は㈠坊主分でありながら俗人に随逐したこと、㈡任誓法義の異義・秘事性、㈢国法違犯者への同調という三点をつくものであったが、ここで始めて信仰の正邪が問題とされたのである。十ヶ条の告発状のいうところでは、「仏恩報謝之称名相続之義きらい申事」、「家内之戸をしめ密々談候」という程度のものであって、その事実や異義性は任誓派三僧に反論されると、それらは伝聞にすぎず、確たるものでないことが明らかになった。次に㈠の俗人随逐が坊主の尊厳をけがしたという点であるが、任誓派三僧はここで親鸞や蓮如をもち出してタテマエ論を展開した。すなわち「僧俗共ニ同行と云合之義ハ御宗旨之御掟と奉存候、祖師聖人も親鸞は弟子一人も持たず、御同行と仰られ候えば、……僧俗之差別御座なく、……僧俗相互ニ法義談合との御文之御勧化ニ御座候」とのべたとある。僧俗共に同行であり、相互に法義談合するのが親鸞以来のあり方であるというタテマエ論を主張されると本山側も反論の仕様がなく、任誓派の主張を認めざるを得なかった。けれどもこれは、任誓派にとってはタテマエ論ではなく、その運動はこうした方向をもったものであったからこそ、このような反論ができたのであろう。残るは㈢国法違犯者への同調だけであったが、ここでも任誓派はたくみに反論している。すなわち、任誓が徘徊留めの処分をうけたことは、郡奉行からその支配下に触れがあったであろうが、自分たち僧分は寺社奉行裁許下にあり、寺社奉行からは何の触れもなく、従って任誓が国法違犯者であるということはうわさには聞いていても正式には知らなかったというのである。これもタテマエ論ではあるが、幕藩制の身分制支配機構の盲点をつくものであった。こうした任誓派三僧は寺法上で処分する理由がなくなったため、結局国法処分者に、知らなかったとはいえ同調したことのみが罪とされただけのきわめて軽い処分で終わってしまったのである。以上が任誓派処分の概要である。藩も本山も、任誓を異義として調理することはできなかったのである。けれども、冒頭に示したようにその後いつの間にか教団は任誓を異義者とみなしてしまい、加賀藩でも真宗異義者は以来任誓派と呼ばれ、異義の代名詞とされることになったのである。

任誓事件の問題点

さて、先に、民衆との関係において教団とはいったい何かというテーマをかかげておいたが、以上のような任誓事件の内から、このテーマを具体化するいくつかの問題点をみてとることができる。任誓の運動が寺檀制を越えるような方向性をもち、これが寺僧の干渉・弾圧をまねいたということから、教団体制の基本である寺檀制の究明がまず第一の課題となる。それはどのような内容と本質をもっており、いつ・いかにして成立したものなのか。それが任誓の運動によってゆりうごかされることは、教団にとってそれほど危険なことなのか、等々の問題である。第二に、この教団は、藩という世俗権力とどのような関係にあるのかという課題がある。任誓の運動が広汎な民衆を組織したとき、教団よりもまず、藩がこれを危険とみ、寺社奉行が触頭に命じて任誓派の取調べを行わせ、それにもとづいて処分を下したのであるから、触頭とはどうやら藩政機構の一環のようである。従って藩と地方教団機構の関係を明らかにし、また幕府と教団組織全体の関係をみなければならない。あるいは任誓派三僧の主張にある百姓と僧分の支配関係のちがいということから、教団と権力の問題は身分制の問題としてみていかなければならないことも知りうる。そしてまた、国法処分の後の寺法処分ということから世俗法と教団法の関係をどうみるかということもかかわってくる。従ってこの課題は、近世という時代の幕藩制国家において、教団とはいかなる位置にあるのかという問題であることになる。また第三に、任誓の運動あるいはここではふれなかったが、任誓の信仰が、どうしてこれだけの民衆の支持をえたのかという問題がある。それは国法・寺法ともに異義とすることができなかったにもかかわらず、のちに異義とされてくるのはどうしてかということにも関係してくる。つまりこれは近世教団の思想・信仰と民衆のそれとの関係を問うことである。以上整理するなら第一に教団構造としての寺檀制、第二にその教団と世俗権力ないし国家、第三に教団と民衆の思想・信仰、ということになろう。以下、この線にそってのべてみたい。

第一章　寺檀関係の形成

檀家の成立

檀家とは

檀家という言葉がいつごろから用いられるようになったかは定かではないが、それは檀《だん》越《おつ》の家という意味であることはまちがいない。古代インド語のダーナパティの音写から転じたもので、寺・僧を供養する施主という意味である。施主と寺の関係ということをもって寺檀関係というなら、それは仏教の成立以来あったということになるけれども、これから考えていこうとする寺檀関係は、もう少し厳密な意味で用いていきたい。檀家とは、檀那とはちがい家を単位とするもので、特定の寺院に葬祭を依頼し、かつ特定寺院の維持に責任をもつものであるが、その家は、中世にみられたような、半奴隷状態の隷属民を含んだり、家父長の兄弟や叔父・叔母の家族を含むような大家族形態のものではなく、家長とその直系の親族によって構成される小家族形態のものを指す。ということは、家の構成員全員が檀那であるような家が成立することにおいて、そのような家が特定の寺を旦那寺とするところに近世以降の寺檀関係が成立するのであるから、このような民衆の家が広汎に成立することが、寺檀関係を成立せしめる基本的条件となるのである。

能登高屋与宗旨人別帳

具体的な事例をあげていこう。寛永二十年（一六四三）の能登国珠洲郡高屋村の「吉利支丹就御改宗旨寺書印指上申御帳」（金沢市立図書館加越能文庫「高屋文書」）という題名をもっている宗旨人別帳の写がある。ここには一家の内で旦那寺を異にするものが含まれている形がたくさんみられる。たとえば、その一番はじめに、

一、九人　せん宗馬緤村本光寺　　刀祢
　弐人　せん宗正院町千光寺
　三拾五人　一向宗高屋村円竜寺　下人
〆四拾六人一家男女共

というような記載がある。この刀祢という家は禅宗の本光寺の檀那であるが、血縁者十一人のうち二人は千光寺という寺の檀那であった。そしてまた刀祢家に三十五人もいた下人は、主家の檀那寺に加えられないで同じ村にある真宗の円竜寺の檀那となっているのである。

もし、この刀祢の家で、千光寺檀那の二人の内から死人が出たら、戸主の寺の本光寺ではなく千光寺の僧侶がやってきて葬式をすることになるから、刀祢家の戸主の寺である本光寺の僧侶は、この葬式にはたとえ招かれたとしても導師をつとめることはできないこと

になる。現代の寺檀関係の感覚からいうと、すこぶる奇妙なことになるのである。それから、刀祢家の下人が死んだときは、村の寺の円竜寺が葬式をつとめるであろうが、下人というからにはおそらく主家の屋敷内に小屋程度の家をかまえたもので、充分な布施もできないであろうし、以後の年忌法要とて勤めないだろうから、円竜寺はこのような下人をどれだけ多く檀那にしてみたところで、永続的に葬祭を行う檀家にはならないのである。これは戸主の寺である本光寺にしても、あるいは家族二人の寺である千光寺にしても同じことである。だから、このような、家としてのまとまりをもっていない寺檀関係は檀家とはまだいえない。

半檀家の事例

こんなケースを民俗学では半檀家と呼んでいるが、もう少し例をあげておこう。寛永十六年（一六三九）の大坂菊屋町の宗旨人別帳（阪本平一郎・宮本又次『大坂菊屋町宗旨人別帳』）から拾い出してみる。

一、旦那寺　本願寺下 西宝寺　　友《きくや》知
　　　　　　　　同　寺　　女　房

同　寺　　子　すて
同　寺　　孫　市兵衛
同　寺　　　　うば
同　寺　　下人　源
浄土宗西照寺　　聟　与兵衛

ここでは、きくや友知家に聟入りした与兵衛だけが寺がちがう。菊屋町の人別帳では、このほかに母親だけが寺がちがうという例が二つみられるから、どうやら縁組みして他家に入っても実家の旦那寺との関係は、その一代はつづいたようである。

もう少し複雑なケースもある。貞享四年（一六八七）の出羽東村山郡山家村の宗旨人別帳には、次のような事例が見出せる（大石慎三郎『近世村落の構造と家制度』）。

一、家主　彦五郎　　年六拾二　　浄土真宗善行寺㊞
一、彦五郎　女房　　年三拾　　同　宗正覚寺㊞
一、彦五郎女子　めご　　年十　　同　宗正覚寺㊞
一、彦五郎弟　与吉　　年五拾　　同　宗善行寺㊞

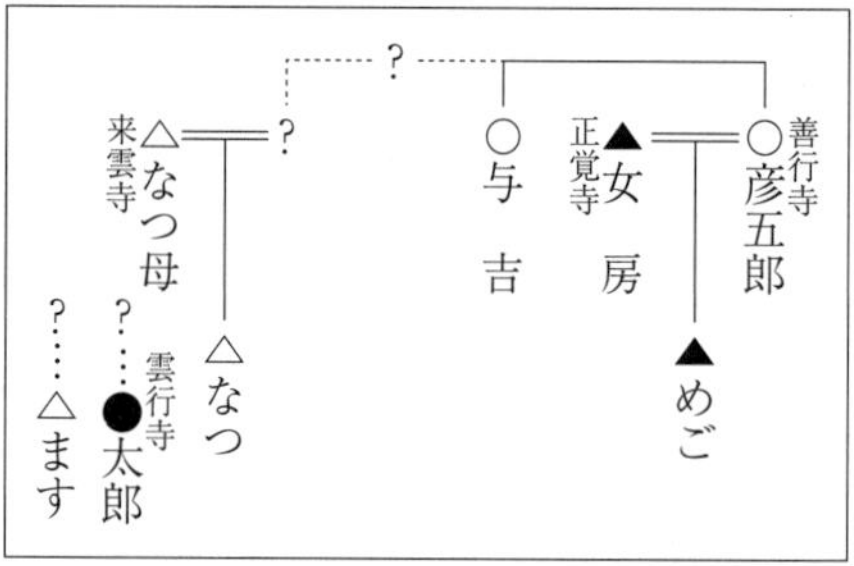

彦五郎めい　一、なつ　年拾八　浄土宗来雲寺㊞
彦五郎おい　一、太郎　年拾四　浄土真宗雲行寺㊞
彦五郎めい　一、ます　年八ッ　浄土宗来雲寺㊞
なつ　一、母　年三拾八　同　宗同　寺㊞
〆八人内　男三人　女五人

この血縁関係は、一応図で示したようなものと考えられる。彦五郎の家族三人の寺檀関係ははっきりしているけれど、四人目以下の記載の意味はいささかわかりにくい。なつ・太郎・ます、の三人の子供は、彦五郎のめい・おいとあるから、弟与吉の子であるとも考えられるけれど、それなら一番おしまいにのっている「なつの母」という記載は与吉女房となってしかるべきのように思われる。あるいは、なつだけ母が別で、太郎・ますは与吉の子であるということかもしれない。

ともあれ、この彦五郎の家族は真宗善行寺・正覚寺・雲行寺・浄土宗来雲寺の四ヶ寺と関係をもっている。これを系統的に理解するとすれば、どうやら男と女が別々に寺檀関係を継承しているらしい。すなわち、彦五郎の女子は女房の寺、彦五郎の弟は彦五郎と同じ、なつの子供（?）の内女二人はなつの寺、男子の太郎は不明ながら父親の寺をうけついでいるようである。とすると、おそらく彦五郎の兄弟であろうと思われる太郎の父は、兄弟中一人寺をことにしていたことになるから、かならずしも男女別の寺檀関係ともいいがたいことになる。

旦那取決め覚書

それではいったい、このようなややこしい寺檀関係は、どのような原則で成立しているのであろうか。いかに複雑であっても、そこには何かの原則があるはずである。これらが勝手にきめられたのなら、葬式のたびに僧侶がはち合わせして喧嘩がたえないことになる。

この問題を解く絶好の史料がある。以下しばらく、その語るところをみていこう。その表題には、

慶安戊子弐年五月十五日、南北坊主中大町弘誓寺殿ニ集来仕候而、万事旦那之致改、
一々帳面ニ申上ハ、於以来ハ如帳面之可致候事

とある。つまり慶安二年（一六四九、ただしこの干支を書きあやまっている。慶安二年は己丑である）に、能登国鳳至郡南北郷の僧侶たちが、大町弘誓寺に集まって、檀那の決定の方

法について協議し、その原則を定めて覚書としたというのである。以下この帳面を「旦那取決め覚書」（石川県門前町黒島、中谷藤作氏蔵巻末付録に全文を収めた）と呼んでいこう。この覚書が作られねばならなかったのは、嫁入りや聟入りをしても、実家の手次寺と関係を絶つどころか、ずっとそれを旦那寺とし、さらには子や孫にもこれをうけつがせていたという状態があったためである。全文十三ヶ条から成る「旦那取決め覚書」のほとんどの条項は、こうした夫婦寺違いの半檀家において、その子や孫によってどのように旦那寺がうけつがれていくかを規定したものである。そのとき、いちばん問題になるのは、寺違いの夫婦に子供が一人しかいなかった場合であった。

第十条に、

一、[1]夫婦之間ニ男子ニ而も女子ニ而も、又ハ養子ニ而も、壱人の子ハ父方、[2]但女子ニ而姻（聟）取申候共、夫婦共ニ父之方の坊主へ参り可申候、[3]此者ニ子三人御座候者、祖母之跡目ハ父方坊主と同其門徒と相談仕、壱人相立可申御事

とあるから、子供が一人の場合は無条件に父の旦那寺をうけつがねばならないとされた。しかも、女の子一人の場合で聟をとったとき、聟は実家の寺をはなれて縁付先の父方の寺の旦那となるというのである。こうすると、一人しか子供をもたなかった寺違い夫婦では、妻の寺はその一代限りで消滅してしまうことになる。そこで妻の寺をうけつぐのは孫の代

でおこなわれることになるが、それも無条件ではなく、孫が三人以上のときで、しかも父方の寺が納得した場合に限られているのである。このようにみると、この第十条では、父方の寺の継承が最も優先され、それが満たされたのちに母方の寺の継承がなされるという原則が知られよう。これを図示してみると次のようになる。○は男、△は女を示し、□は男女にかかわらないもの、あるいは判然としないもの、●▲■、○△□は同じ寺を意味している。

図10―3のような場合、三人のうちだれが祖母の寺を継承することになるのだろうか。この問題は、10―2のように、家の相続者は男女にかかわらず父方の寺の旦那となるということに関係しているようである。第四条から第十一条はこれにかかわる取決めである。

まず第四条では、

一、父母之寺違候所ニ、此親ニ子弐人御座候時、嫡[1]子女子ニ姻取、本家を渡し申候者、姻者父方、女ハ母方、弟ハ父方へ参可申候、弐[2]人なから男子候ハ、壱人宛[3]、但シ弐人なから女子ニ而、弐人なから姻取、本家取ハ父方、妹とハ母方へ、但姻共ニ参可

(10―1)

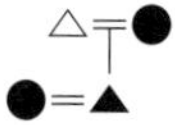
(10―2)

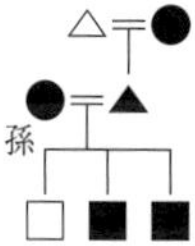

(10―3)

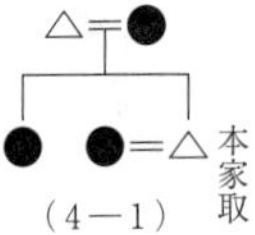

（4—1）

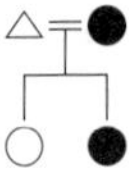

（4—2）

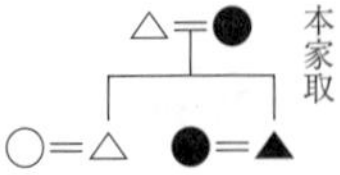

（4—3）

申候御事

とあるように、本家取りが問題となり、4—1では本家に入った聟が父方、4—3では本家取りの姉とその聟がともに父方となっているから、家相続者は父方の寺の旦那となること、それもできるだけ男子をもってすることが望まれていることがわかる。4—1で本家取りにもかかわらず姉が母方を継承したのは、聟や弟とともに父方となると母方の寺の継承がなされなくなるからであり、このように本家取りは父方と規定して家と寺との一体化をはかりながらも、母方を継承する半檀家状態を解消することはさけられているのである。

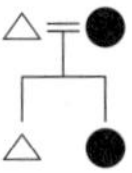

（5—1）

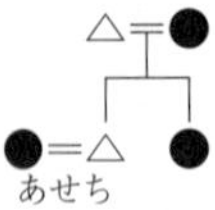

（5—2）

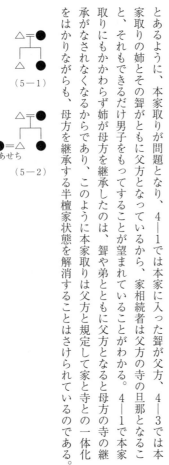

第五条では、第四条の寺違い夫婦で子供二人の場合の第四のケースをとりあげ、

一、右之ことく夫婦寺違之所ニ、[1]嫡子男子妹此弐人之時、嫡子ハ父方妹とハ（ママ）母方、但[2]
此妹とニ姻取、あせち渡し候ハ、姻ハ父方へ参可申候御事

というように、妹があせち（庵地＝分家）した場合は、4—1と同様に聟が父方の寺を継承すると定められたのも、分家がやはり家の相続であったからであろう。

このように、一家の内で旦那寺をことにする寺違い寺檀関係は、家の相続をめぐってしだいに整理され、家相続者は父方の寺の旦那となるという大原則の下に処理された。母方の寺は、この原則が満たされて始めて継承されるのであり、子供が一人の場合などは消滅してしまうことになる。こうしたことは、一見母方の寺にとって不利なようであるけれど、この寺は別の檀家では母方の寺をしめ出すこともあったから、両者相まって損得なしということになるであろう。けれども、10—3、4—1・2・3、5—1・2のように母方の寺を残す努力は根強い。第一・第二条は、

一、夫婦寺違之所ニ、右之夫婦之中ニ子壱人ニ而候得ハ、母之跡目絶申候時、彼子ニ子共五人歟三人歟御座候者、其人両坊主合点ニ而候者、祖母跡目ニ孫壱人立可申候御事

一、孫弐人歟四人歟御座候者、夫婦寺違候得ハ、父母へ弐人宛分ヶ可申候、此分ニ而

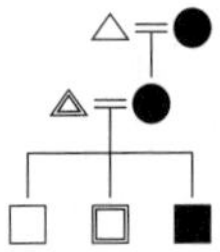

(1)

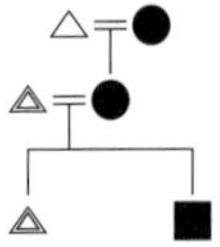

(2)

巳ハ、祖母祖父跡絶候共、立申間敷候御事

というように、孫をもって祖母の寺の継承について定めている。1の場合は祖母の寺が残り、2では消滅することになる。

「旦那取決め覚書」は、このように、家の相続を中心に寺違い寺檀関係継承の原則を明確にして檀家の成立をはかる方向をもちながらも、基本的には寺違い関係の半檀家を維持する方向をとっているといえよう。そしてこの取決めにもとづいて、

一、今日相極申候旦那出入之御事

一、天神谷村孫右衛門、法性寺門徒ニ相極申候

一、麦之浦久二郎、真浄寺旦那ニ相極申候

というように、具体的に争論が解決されたのである。

寺檀争論

この時期には、こうしたような寺違い寺檀関係による寺檀争論が非常に多かった。能登鳳至郡の真宗寺院の触頭であった阿岸本誓寺には、こうした文書が多く残されている。以下これによって検討してみたい（北西弘編『能登阿岸本誓寺文書』）。

寛永十八年（一六四二）のことである。鳳至郡久手川村に干場助左衛門という男がいた。姓をもっているところからして、中世土豪の系譜を引く大百姓であろうと思うが、彼が亡くなった従兄のあとをついだことから寺檀争論がおこった。助左衛門のいうところをまず聞こう。

一、この度、山吹正覚寺殿が自分たちは正覚寺門徒であると、阿岸本誓寺にことわりをしたので、本誓寺様からその筋目について問合せがありましたので、御返答致します。

一、私たちの祖父は正覚寺門徒で、祖母は本誓寺の門徒でした。男の子供が二人あって、兄の万九郎は家を継いで正覚寺門徒になり、弟の三郎二郎は母方の本誓寺の門徒になりました。けれども三郎二郎は稲舟村の田中というものの娘の聟になり、夫婦共に本誓寺門徒となりました。私助左衛門はその子供で田中で生まれました。

一、本家を継いだ万九郎の子は孫左衛門といいますが、身代をつぶして諸道具も家をも売払い、村の内の西というものの家づまをかりておりましたが、そこで死にました。

一、私の父三郎二郎は田中の家におりましたが、久手川村の肝煎《きもいり》孫兵衛が三郎二郎に、お前がいながら親の家に草を生やしておくことはない、家へ帰って当然だとすすめましたので、父はこれを冥加なことだと思い、亡所になっていた親の屋敷地へ、田中の家を移して建てました。ですから親の家を継いだにしても、柱一本もらったわけではありません。

一、このようなわけで、父三郎二郎は後に入道して慶善と名乗っておりましたが、元来本誓寺門徒であり、妻もそうでしたから、その亡くなったときは本誓寺が葬式をしました。私はその子ですから、八十歳の今まで本誓寺へ参っており、父の代から数えて百年の本誓寺門徒です。それをいまさら正覚寺へ参れというのは思いもかけないことですから、何卒御聞きとどけ下さい。

正覚寺が助左衛門を自分の檀家だというのと、助左衛門が本誓寺門徒だというのと、その根底にある論理は、一見まったくことなるようで、実は一つのものである。正覚寺は、助左衛門が干場家を継いだのだから、干場家の寺の檀家になるべきだといい、助左衛門は、田中家の生まれであって、亡所となった干場家を再興して名跡をついだだけであり、柱一本財産を相続したわけではないから、干場家の寺の檀家となるいわれはない、という。両者のいい分の根底には、家を継いだものは、その家の寺檀の家となるという原則が共通に認識されているけれど、正覚寺は家の相続を名跡においてみ、助左衛門は田畑・屋敷においてみているのである。この争論は、助左衛門の主張が通って本誓寺門徒に落着したことから考えると、家とは名跡であるよりも、田畑・屋敷であるという主張が優勢であったことになる。しかしそれなら、助左衛門はあえて干場家の名跡をつぐ必要がなかったのであるが、わざわざ村肝煎が世話をして名跡をつがせているのであるから、それなりに意味があったはずである。おそらくそれは、干場家という名であらわされる村内における一定の権利・義務、つまり本百姓株の継承を意味していたのではなかろうか。助左衛門は久手川村に移り住み、そこで干場の名儀で年貢を収め、村入用を負担して村寄合に出席する一人前の百姓の株を手に入れたのであろう。

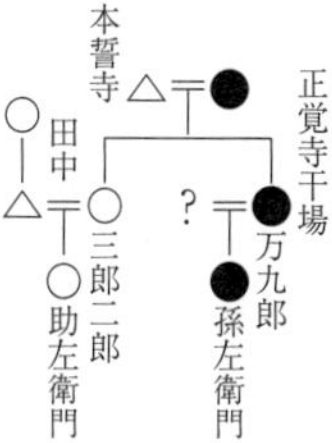

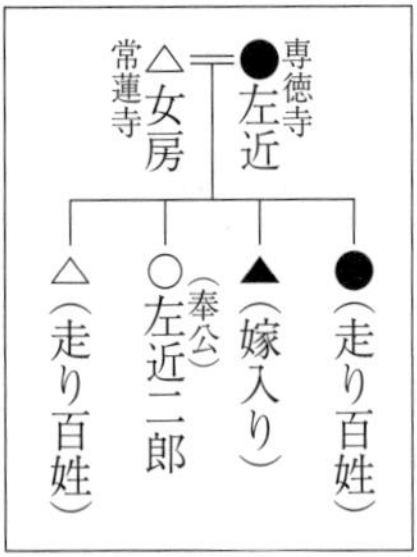

そうすると、この時代の家とは、農民からみれば相続された田畑であり、村という立場でみれば、村の構成員となる株であり、寺からみれば実体よりも名跡であったという三重の性格をもつことになる。逆にいえば、これらの三重の性格は、家の三つの本質であった。田畑屋敷・株・名跡の三つが、一致していることが、望ましい家であるし、檀家であった。

もう一つ例をあげておこう。同じく鳳至郡の浦上村で、をや左近という者のあと目をめぐって専徳寺と常蓮寺が争った記録がある。をや左近は専徳寺門徒、女房は常蓮寺門徒であったところに子供が四人あったから、男女各一人ずつが両方の寺の旦那となった。ところがこの兄弟のうち、専徳寺門徒の男と常蓮寺門徒の女が越後へ走り百姓となって去り、専徳寺門徒の女子は嫁入りしたので、大沢内記という人の下人となっていた常蓮寺門徒の左近二郎一人が残されたのである。そのうち、左近二郎は村へ帰り、親の屋敷地に家を建て田地を支配することになった。そこで親の左近の寺であった専徳寺は、左近二郎は自分の檀家になるべきだと主張して争論になったのである。

ここでは左近二郎は、田畑屋敷を相続したが名跡や株はうけつがなかったと思われる。

このときの裁許は、「屋敷つき田地つきと申事無之ニより」という理由で左近二郎はもとどおり常蓮寺檀家であるというものであったことがこれを示している。田畑屋敷の相続はかならずしも名跡や株の相続と同義ではなかったのである。前の久手川村助左衛門のケースとともに考え合わせると、この段階では、田畑屋敷・株・名跡が一体化した家の観念が理想とされながらも、現実にはいまだ一本化せずに分離していたのであり、寺檀関係は、いまだ家よりも人についたものと観念されていたことを示していよう。慶安二年の「旦那取決め覚書」は、これを家に統一しようとする方向でなされたものである。このような家よりも人についた寺檀関係は檀家というよりは檀那という名で呼ばれる方がまだふさわしい。夫婦寺違い、つまり婚姻によっても人についた寺檀関係を変更しない状況がある限り、檀家は成立せず、寺檀関係も成立しない。

近世の家

ところで、家というものを、ここでは田畑屋敷・株・名跡という三点においてみてきたのであるが、異論がないわけではない。竹田旦氏によると、家の成立には、㈠土地や家屋などの家産、㈡苗字や家号などの家名、㈢家風や家柄などの家格、㈣神棚・仏檀・墳墓などの祖先祭祀具、㈤家族、の五つの条件がいるとされている（『「家」をめぐる民俗研究』）。

㈠、㈡、㈢は、私見の田畑屋敷・名跡・株に相当するが、これ以外の㈣・㈤は、㈠〜㈢に付随した第二義的なもののように思われる。また一方、竹田聴洲氏は、右の㈣を基本にすえて、家とは祖先崇拝の座であり、系譜的直系相続関係こそ原理的家の本質であるが、近世の本百姓においては、高が存立基盤となることにおいて家と高が合体するといわれる。また家族が欠如した状態などは、家が潜伏した状態であるから、家族や高はかならずしも家の本質にかかわるものとはいえないことになる。家名・名跡などは、むしろ家の表象として考えられるのである（『日本人の「家」と宗教』・『祖先崇拝』）。このような民俗学的な見解に対して、社会経済史の立場からは、たとえば大石慎三郎氏のように、近世における家は田畑・屋敷という生産手段と、農具という生産要具、それを労働力としての家族によって統一する有機的に結びついた生産体であるとみなし、家格というような観念はその再生産の完全条件保持者としての実体の上に成立すると把えられる。そしてまた、かかる農民の家は近世において始めて成立し、生産体として労働力が指揮者によって統一的に行使される必要から、血統を中心とする直系的家父長制的家族となるといわれている（『近世村落の構造と家制度』）。このようにみてくると、民俗学的見解は、家の観念的側面を重視するようであり、社会経済史学では、その生産体としての側面に基本をすえている。竹田聴洲氏の見解は、家の永続性という要請・規範は、その家の創設、伝来の先祖・列祖に対する崇敬と表裏一体となって、家に必然的に一定の宗教性を内在させ、これが寺檀制の基本原理となると主張されるところから、われわれの課題である寺檀制へのパースペクティブを開くものとしてきわめて魅力的である。けれども、このようにとらえてくると、家は超時代的にその本質が存在した民族理念となってしまうため、以上でみてきたような寺違い寺檀関係（半檀家）は、婚姻によっても実家という家がその個人をして放さなかったという点で、家を基盤としたものであり、家と寺の関係が負の形で表れたものという見解となる。竹田聴洲氏の規定に従って家を系譜であるとみるなら、婚姻によって結ばれた甲乙二つの家は、寺違い夫婦を中心にみると、甲でもあり乙でもあり、また甲でも乙でもないから、重層的系譜関係となり、いずれの家も、家として系譜的に完結しえないということになる。このような半檀家制はやはり家成立の過渡期とみるべきではないだろうか。ここでは首尾一貫した意味での家の先祖は成立しない。田畑屋敷（高）を最初に形成した人物こそ、近世農民の家の祖先となるのであり、それが全家族共通の祖として崇拝され共通の旦那寺と結びつくとき家が全き意味で成立するのである。そこに初めて名跡や株との一体化

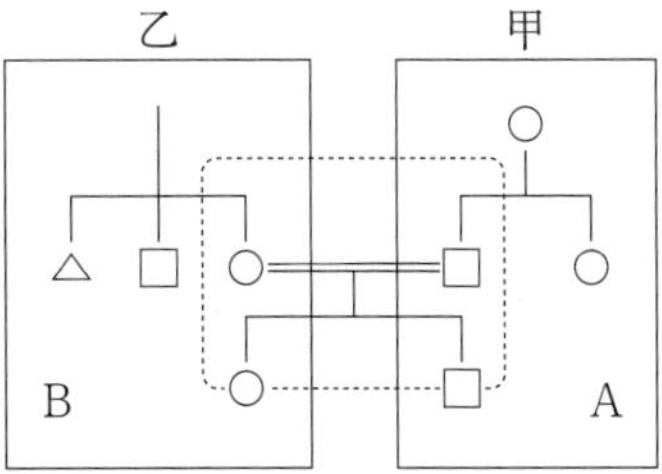

が可能となろう。たしかに、家族を欠き、あるいは高は失い、株から除外されても、家の観念は潜在するのであろうし、そこには祖先崇拝は残り、寺檀関係も維持されるのであろう。しかしこれは、家としての実体を失ったものである。そして家の再興は、これらの基盤となる高の獲得によってなされるのであるから、近世の家は高をぬきにして考えられない。町人などの場合は高にあたるものは家業であろうし、武士では家禄にほかならない。近代における家の解体は、家業を失ったときに始まる。系譜の観念としての家は残っても、実体を失った家は、祖先崇拝をも希薄化していくのである。

このような高を基盤とした家の成立、それは本百姓体制の成立、封建的小農民といわれるものの一般的成立と同義である。先進地帯では十七世紀前半から開始されたこの方向は、十七世紀後半には全国に及び、おくれた地域でもこの世紀の末には成立する。寺檀関係の形式もこの時点でもって一段落したものと考えてよい。

寺の成立

寛永期寺院増加説

寛永ト成リ、京並ニ田舎ニ至ル迄、辻本看主寺号ヲ望申、一ハ世上静謐ヨリ事結構ニナリ、坊主分モ威儀ヲ取り繕ヒ、他宗寺院ノ出会、近郷近里同居等有之ハ寺号ヲ名乗、サレハ他宗門ノ僧徒弥軽蔑ス、道場坊道場坊ト申ヲ嫌ヒ、寺号ヲ名乗リ度ト望、本山ニモ内徳ナレハ、其礼物ヲ定免セラル、近年ノ始初聢ト寛永年ノ時世都鄙共ニ寺号ヲ望申、

これは京都の西本願寺派寺院金宝寺明専が著した『紫雲殿由縁起』の寛永十五年（一六三八）の記事の一節である。寛永年間に至って、それまで他宗寺院から道場坊と軽視された真宗の坊主たちが、威儀をとりつくろうため本山に礼金を納めて寺号を免許されることが多くなったというのである。

寺檀関係・制度というからには、檀家の成立だけではいえないわけで、家々を檀家とする寺が全国津々浦々に成立してこなければならない。近世から現代に至るまで、曹洞宗教団に次いで第二位の寺院数を誇る真宗教団でも、そのような状態に至ったのはそう古いことではない。たとえば、十六世紀中葉の本願寺第十世証如の日記には、本願寺教団に属する寺院が二四〇ヶ寺ほどみえているが、これが全てではないにしても、それほど大きく上回る数ではなかったと思われる。もとより本願寺教団では、先の『紫雲殿由縁起』に、

近ク実如上人ノ御代御繁昌、蓮師ノ御遺徳ニテ畑田守禅門或ハ俗形、一所ノ坊主トナリシカ其数微少ナリ

とあるように、田畑を耕作する俗人が坊主となって道場を構え、それらは辻本（厨子本）などと呼ばれ、あるいは毛坊主といわれていたから、寺号こそなくても、村々では宗教活動をいとなむものが多くあったのである。これらが、『紫雲殿由縁起』によると、寛永ごろいっせいに寺号を許されたという。このようなことが事実なら、全国津々浦々で、檀家がまだ家として充分な形をととのえるに先立って、広範に寺と檀那という関係が形成されてきたことになる。

蓮門精舎旧詞と申物帳

寛永期が寺院の成立期であるということは、真宗だけではなく浄土宗でもいわれている。竹田聴洲氏の研究（『祖先崇拝と民俗信仰』）によると、元禄期に成立した『蓮門精舎旧詞』という史料で開創年代を何らかの形で伝える四四五四ヶ寺のうち、天文～寛永開創を伝えるもの三四一九ヶ寺で七二・二％を占め、さらにこのうち天正～寛永年間にしぼると、二八九一ヶ寺で全体の六五％余を占めるという。浄土宗でも寛永までにほとんどの寺が成立していたことになる。

ところがここに、これらとまったく反対の一つのデーターがある。次の表（六〇・六一頁）は、東本願寺がその門末からの願事に対して許可を下した記録である『申物帳』（大谷大学図書館蔵）のうちから、寺号免許に関する条項をひろい出して整理したものであるが、これによると、東本願寺派の寺号免許は、『紫雲殿由縁起』や浄土宗の『蓮門精舎旧詞』の示すような寛永期のピークはみられず、この時期はむしろ最も少ない時期にあたるのである。これはいったいどういうことであろうか。東本願寺派は西本願寺派や浄土宗にくらべて何か特殊な事情があるのだろうか。それとも『蓮門精舎旧詞』は信頼できないのであろうか。あるいは『蓮門精舎旧詞』と『中物帳』の史料的性格のちがいによるものであろうか。私見では、どうやら一番最後の事情が当たっているように思われる。前者は浄土宗寺院の開創または中興の年代を示すのに対し、後者は寺号免許である。真宗寺院にしても浄土宗寺院にしても、それらの前身ともいうべき道場や庵室の時代があるのが普通であるが、『蓮門精舎旧詞』はその庵室の出発点を示すのに、『中物帳』は、道場として出発した後のある時点で寺院化した年代を示すからである。それでは『中物帳』と『紫雲殿由縁起』の記事のくいちがいはどうであろうか。私見では、どうやらこれは東西両本願寺教団の地域的分布のちがいにもとづいているように思われる。東本願寺教団がその地盤を東日本にもつのに対し、西本願寺教団は西日本にあるが、次掲の表でも西日本の寛永期の寺号免許はかならずしも相対的に少ないというわけではない。

このような考察から、次の二つの問題が生まれる。浄土宗寺院では開創年代が問題にな

区分／国名	元和1—元和5	元和6—寛永1	寛永4—寛永8	寛永9—寛永13	寛永14—寛永18	寛永19—正保3	前期合計	正保4—慶安4	承応1—明暦2	明暦3—寛文1	寛文2—寛文6	寛文7—延宝1	延宝2—延宝6	延宝7—延宝9	後期合計	総合計
近江	2	15	4	2	6	2	31	4	22	21	64	26	18	8	163	194
山城	2	2	2	4	1		11		1		4	3	1	1	10	21
河内		4	1	1	2		8		4	6	12	10	4	2	38	46
大和		1					1		1	1	1	4		1	8	9
摂津	2	5	2	3		1	13	2	8	5	6	11	6	1	39	52
和泉	1	1	1	2			5	1	1	5	2	3	1	1	14	19
紀伊		3					3				1				1	4
丹波・丹後	1	1					2		1	1	2		1		5	7
但馬・美作 因幡・伯耆		1		1			2	1	1	1	2				5	7
出雲	1	1					2								0	2
石見		2					2			1					1	3
播磨	1	5					6	1		2	6			1	10	16
備前・備中 備後			1		1		2						1		1	3
安芸		2	1				3	1	2						3	6
周防							0			1		3			4	4
阿波・土佐	1						1			1					1	2
讃岐							0			3	8	3			14	14
伊予		1					1	1		1			1		3	4
筑前						1	1					1	1		2	3
筑後	1	4	1	7		1	14		7	8	13	4	2		34	48
豊前		2	1				3		1	4	2	3	3		13	16
豊後	4	4	2	4	11	1	26	2	9	10	4	10	5		40	66
肥前	1	1					2		2	4	3				9	11
肥後			1				1		4	1	26	5			36	37
日向							0				1		1		2	2
合計	78	181	45	80	66	17	467	59	121	240	295	179	121	39	1154	1621

寺号免許件数

区分／国名	元和1—元和5	元和6—寛永1	寛永4—寛永8	寛永9—寛永13	寛永14—寛永18	寛永19—正保3	前期合計	正保4—慶安4	承応1—明暦4	明暦3—寛文1	寛文2—寛文6	寛文7—延宝1	延宝2—延宝6	延宝7—延宝9	後期合計	総合計
松前							0			2					2	2
陸奥	1	2	1	2	2	1	9		6	5	2	2	7		22	31
出羽	6	8	4	8	5	1	32	1	21	5	4	6	4	1	42	74
佐渡	4	7	1				12		1						1	13
越後	13	14	8	8	12		55	3	19	31	28	18	10	7	116	171
越中	5	11	3			1	20	6	13	9	8	10	7	3	56	76
能登	11	9	2	6			28		14	16	10	2	6		48	76
加賀	3	4				1	8	1	11	5	3	6	2	3	31	39
越前	1	5		6	4		16	4	3	11	8	2	9		37	53
若狭		1					1								0	1
常陸							0	1	1	6					8	8
下総			1		2		3	1	1	1	1		1		5	8
下野							0	1		1			1		3	3
上野		1		1			2				1		1		2	4
武蔵	4	18	1	12	1	3	39	6	19	14	9	1	3	1	53	92
信濃	1	6	1	2		1	11			2	3	3			8	19
甲斐	2						2		1	3		3			6	8
相模							0	4			1				5	5
伊豆		1		1			2								0	2
駿河	2						2	1			1				2	4
遠江							0	1	1		1	1		2	6	6
三河		5				2	7	1	8	9	14	10	8	3	53	60
尾張	3	11	3	1	7	1	26	5	11	19	18	8	6		67	93
飛騨	2	3					5		4	2		1	4	1	12	17
美濃		17	3	8	12		40	6	16	18	22	18	7		87	127
伊勢	3	3		1			7	4	7	5	4	3		3	26	33

〔註〕 1） 寺号免許のない国名は省略し、便宜上２ヶ国以上を合わせたものもある。

2） ５ヶ年ごとに区分したが寛永２・３年、寛文11・12年は除外し、最終欄は２ヶ年分である。

るのに、真宗では寺号免許が寺の成立を示すという差異はいったい何を意味しているのか、ということが第一。第二に、真宗の寺号免許に地域差があるなら、それはいったいどういうことかということである。第一の問題はしばらくおいておいて、寺号免許の地域差の問題をまずみておこう。

寺号免許の動向

寺号を免許されたために礼金が必要であった。慶長年間（一五九六～一六一五）のものと思われる東本願寺の「古今御礼日記」（大谷大学図書館蔵）によると、寺号御礼として、門跡に銀百七匁五分、新門に四十三匁、裏方に四十三匁、それに加えて当座御礼や取次・小取次といった役人たちへの礼金五十五匁、都合二四八匁五分の銀子が入用であった。元和元年（一六一五）に米一石が二十三匁であったというから、十一石余になろう。ところが寺としての体裁をととのえるには、寺号を許されると木像の本尊が同時に必要であり、この礼銀三七〇匁余（米十六石余）を合わせるなら、銀にして六百匁以上、米二十七石余を要したことになる。米一石で何とか人間一人が一年間生きていけた時代であるから、この額は決して小さなものではない。寺号免許をうけるということはその道場に、それだけの経済余力がなければならなかった。従って、真宗道場の寺号免許には、その所在地域の檀家の経済的余力、さらにいえば生産力的発展の度合いが深く関係しているとみてよい。

そこで、前掲表にもどってみると、寺号免許の全般的動向は、元和（一六一五～二四）末期に一つのピークに達したのち、寛永期（一六二四～四四）を通じてしだいに減少し、正保・慶安年間（一六四四～五二）には最低におちこんでしまう。次いで、承応（一六五二～五五）から増加が始まり、寛文（一六六一～七三）中期には元和期のピークをしのぐ、爆発的な増加をみているのである。このことは一応次のように説明することも可能である。寛永期とは、幕藩制国家の確立期であり、農民の剰余をのこらずしぼりあげた時期、生かさぬように殺さぬように、百姓と何とやらはしぼれるだけしぼれ、という時代であった。このため、寛永十八・九年の大旱魃は、江戸時代を通じても未曽有の大飢饉をもたらしたのである。天災というより人災的性格の強いものであった。こうした状況で、寺号免許どころではないというのが一般的状況である。従ってまた、『紫雲殿由縁起』にいうように、寛永期に寺号免許が多いというのはどうも不思議である。

次に考えねばならないのは、幕藩制成立以来、封建領主のとってきた小農民自立策との関係である。承知のように太閤検地は一地一作人主義をかかげて土地にかかわる複雑な権利関係を整理し、半奴隷的状態におかれた名子・被官などの隷属民に対して、その耕地占有を認めて本百姓化し、それらを従えていた大経営を解体においこんだ。寛永期には、こうした中世土豪の系譜を引く大百姓が分解か没落し始めたのである。このような大百姓は、中世末までに自家の菩提所として、その屋敷内などに道場や庵室を構えていたが、実はこれが、先の『紫雲殿由縁起』の寛永になって寺号を望んだという「辻本」であった。これは「厨子本」の音の転化したものといわれるように、大百姓がその一族一門の菩提所として屋敷内に安置した厨子をもとに成立した道場であり、そこには有縁の寺から留守居の坊主がつけられていた。これを看主・看坊という。その主である大百姓が太閤検地以来没落し始めると辻本看坊は主家の手をはなれて自立する方向をとり、寺号免許をうけて寺院化するのである。とすれば、寛永期において寺号免許が減少したのは、実はこうした辻本看坊道場の自立化が頭うちになったということを意味していよう。あるいはいまひとつ、このような大百姓の菩提所から出発した道場が、主家から田畑をつけられて、自らこれを耕作するものとなっていた場合、寛永期のきびしい収奪は、坊主と百姓という二足わらじを許さず、田畑を手ばなして坊主一本になり、檀家に全面的に依存するか、さもなければ百姓一本になるかをせまったであろう。前者のようにして寺院化した場合、その存続のためには多くの檀家を獲得しなければならない。しかるに、この時期檀家は前述のようにいまだ未成立である。ここに道場は進退きわまった状態においこまれていたことが予想される。

寛永期の寺号免許の減少がこのようなものであれば、承応以降の寺号免許の増大は、その反対現象としてみることができる。つまりこれは、新たに成立してくる農民の家を檀家として把握することによって経済的基盤を確立し、一方で村を牛耳った大百姓の没落によってその菩提寺としての制約を解除された道場が寺院化してくる動向を示すものである。また一方、土豪的な大百姓の没落によって、近世の村はほぼ平均的な本百姓群によって構成されることになるが、彼等はその村の精神的紐帯として、村惣堂ともいうべき寺を開創してくる。これらを真宗では惣道場というが、こうしたものが承応以降の寺号免許の中心となったにちがいない。

寺号免許のこのような動向は、その地域の経済的発展の度合いによって左右される。先進地域では、大百姓の没落、惣百姓体制の成立が早いから、寛永期からでも惣道場が寺院化し始めるし、後進地域では、寛文期においても、まだ辻本看坊的なものの寺院化がみられるということになる。西日本、とくに畿内周辺や瀬戸内地方にも勢力をもった西本願寺教団において、寛永期が寺号免許の盛んな時期とみなされたのはこうしたことによるものであろう。

人別帳上の寺と道場

そこで、右にのべたような点について具体的に事例を示しておこう。次の表は、寛永五

所在	鹿島半郡人別帳	貞享由来書(開基、年次)	申物帳
鹿島路	道場百姓分西光寺、馬一匹、地之者甚左エ門	西光寺(東)、浄了、天文7	ナシ
金丸	作右エ門あせち円正	円正寺(西)、円正、天正20	—
	牢人西元(了ヵ)	随用寺(東)、西了、慶長1	西光寺下、寛文6木仏免許
	道場教正	珀林寺(東)、西教、天正5	光専寺下、明暦4寺号免許
下村	道場乗念寺、馬一匹、地之者九郎右エ門 下人宗次郎	乗念寺(西)、正清、天正2	—
	道場美濃、みのあせち	還来寺(東)、浄心、文禄2	承応2寺号免許
	道場、馬一匹	成宗寺(東)、祐智、天文3	ナシ
良川	道場、正学	安養寺(西)、常佑、天正20	ナシ

年「能登鹿島半郡人別帳」(若林喜三郎『加賀藩農政史の研究』所収)にあらわれた真宗寺庵を拾い出し、貞享二年の由緒書(『加越能寺社由来』)および『申物帳』の記載を加えたものである。「半郡人別帳」には、西光寺・乗念寺という二ヶ寺が寺号で姿をみせているが、それらは寺号のない道場と異なり、馬をもち、地之者、下人という隷属民をかかえた存在である。この時点までに寺号を名乗ったこの二ヶ寺は、すぐれて有力百姓的であることは

容易に知られよう。ところが、寛永五年に寺号をもっていなかった道場のうち、金丸の教正道場が明暦四年に珀林寺と、下村の美濃道場が承応二年に還来寺と、それぞれ寺号を免許されているのである。寛永以前の寺号持ち寺院が隷属民をかかえる大百姓であったのに対し、それ以後寺号を免許された真宗寺院の母体となった道場は、これとは別の階層に属する農民であったことを知ることができる。

同じような事例をもう一つ示しておこう。肥後藩が書き上げさせた寛永十年の肥後国合志郡の人畜改帳（『大日本近世史料』所収）には、次のような真宗の寺庵が見出せる。

三人なこ 甚四郎 九郎右衛門 与三郎

壱人ハぢうぢ了薫　壱人ハむすこ、歳十五ゟ下（竹迫町）

高四石六斗七升四合　壱人ハむすこ、歳十五ゟ下　三人ハ女房　厳照寺

一　男女合拾五人内　壱人ハ弟子、右同　壱人ハむすめ

壱人ハ女房　弐人ハ下人 源介 新三郎

壱人ハ下女

一　牛馬四疋内

壱疋　牛

三疋　馬

同　人

一、家数拾三軒内

四間ゝ七間ノ御堂　　弐間ゝ四間ノなこ家
弐間ゝ六間ノ本屋　　弐間ゝ四間ノかま屋
弐間ゝ四間ノかまや　弐間ゝ五間ノ蔵
弐間ゝ四間ノへ屋　　九尺ゝ三間ノなこ家
九尺ゝ弐間ノ馬屋　　九尺ゝ三間ノ右同
　　　　　　　　　　九尺ゝ三間ノ右同
　　　　　　　　　　九尺ゝ三間ノ弐つ

同　　人

一、屋敷

拾五間
四拾間　　弐反

同　　人

高五石八斗七升

一、男女合六人内

壱人ハ坊主了順
壱人ハ男子了道　　壱人ハむすめ
壱人ハ女房　　　　壱人ハよめ
壱人ハはゝ親

(二子村)

了　　順

一、牛馬弐疋内

牛壱疋
馬壱疋
弐間ゝ四間本屋

同　　人

一、家数五軒内　　　　同　人

九尺ゝ三間かま屋
弐間ゝ四間持仏堂
弐間ゝ四間子供へ屋
八尺ゝ三間牛馬家
拾間ゝ弐拾三間　七畝九分

一、屋敷　　　　同　人

三人　坊主上（マヽ）れんし　　壱人　下男三八
壱人　女房　　壱人　女房

高七石四斗五升八合　　（鳥栖本村）（浄蓮寺）じやうれんじ

一、男女合拾四人内

二人　男子　作兵へ　弥介　十五上　　壱人　下女
壱人　女房　　二人　男子、十五下
壱人　女子　　壱人　うは

一、馬弐疋　　　　同　人

二間半　五間持仏堂
二間　五間本家
弐間　三間かまや
弐間　四間へや

一、家数八軒内　同　人

九尺　三間へや

九尺　弐間馬や

九尺　弐間持仏堂、名（子脱カ）

弐間　三間本や

一、屋敷　廿間
廿壱間五尺六寸　壱段四畝拾八分　同　人

高弐石四斗八合

一、男女合七人内　了　正

二人　坊主了正（脱アラン）

壱人　女房

二人　男子、十五下

壱人　女房

壱人　女子

一、牛壱疋　同　人

二間　五間じぶッたう

二間　四間本家

一、家数五軒内　同　人

九尺　三間かまや

弐間　四間へや

一、屋敷　九尺　二間牛や
十壱間
拾三間五尺　五畝　同　人
（本苦竹村）
壱人ハ自身
高壱石六斗八升
一向寺
三人ハ男子
一、男女八人内　大　願　寺
壱人ハ下人　（黒印）
三人ハ女房・下女
（同人脱カ）
一、馬壱疋
弐間ゝ四間本屋
四間ゝ五間堂（道）場
一、家数五軒内　弐間ゝ四間客屋　同　人
弐間ゝ三間かま屋
弐間ゝ四間へ屋
三拾間
一、屋敷　七間　畝数七畝　同　人
壱人ハ自身、こしおれ
（下町村）
畠高四斗八升
壱人ハ男子、病者
一向
一、男女七人内　坊　主

三人ハ女子、歳十五ゟ下　（黒印）

弐人ハ女房・よめ

九尺　四間本屋　弐間　三間男子家

一、家数六軒内　九尺　弐間かまや　弐間　三間へや　同　人

弐間　三間持仏堂　九尺　弐間かまや

一　屋敷　拾弐間　拾五間　上畠六畝内　壱畝　家有之　五畝　明所にて有之　同　人

一見して明らかなように、厳照寺・浄蓮寺・大願寺という寺号をもったものは、御堂とか堂（道）場とか呼ばれる本堂をかまえ、血縁家族のほかに名子や下人・下女をもつ大百姓の性格をもち、小さな持仏堂をもち、血縁家族だけの道場坊主とは別の階層に属していることを示していよう。

惣道場

このように寛永期には、大百姓的様相をもった寺院と、小百姓的な道場が並んで存在していたのであるが、前者の大百姓の自庵としての寺院のうちその主家の没落などによって、村の惣百姓持ちの村惣堂、つまり惣道場に転換するものが出てくる。

『申物帳』の元和四年正月に、

一、木仏一躰　江州国友村

因成寺

とみえている、鉄砲生産で有名な国友村にあった因成（乗）寺という寺は、次のように承応二年に惣道場となっている。

一、木仏　江州坂田郡国友村

惣道場　恭敬寺ト御免

右木仏寺号　先年因乗寺ニ被成御免候得とも、因乗寺宗旨替ニ付、残申候門徒衆御理申上、惣道場取立候故、御礼艮（銀）なしニ被下候

因乗寺は現に西本願寺派として国友村にあるから、右にいう宗旨替えとは西派への転派を意味しようが、その理由はともかく、国友村の因乗寺が西派に転派したとき、因乗寺門徒でこの転派を肯じなかった人々が、これとは別に惣道場として恭敬寺という寺を開創し、本山から木仏・寺号を免許されたのである。このような「総門徒打寄開基ニテ建立ノ寺ヲ総道場ト云フ」（『故実公儀書上』）のである。

加賀の白山麓にある尾添村という山村でもこのような惣道場の成立がみられた。密谷弥四郎家の文書によると尾添村には延宝五年に寺号が免許された浄覚寺という寺があったが、

そこでは大屋茂右衛門という百姓が道場役となって道場の運営にあたり、これに代わったのも三郎太夫という百姓であった。このように惣道場は道場役あるいは看坊などと呼ばれるような非世襲の俗人や僧侶によって管理されていくが、尾添村浄覚寺では、十八世紀に入って、この道場役をめぐる争論がおこっている。延享二年（一七四五）に三代目道場役の嘉善なるものが病死したので、尾添村の惣百姓四十五名が連判して弥四郎というものを道場役に選んだのである。

覚

一、今般浄覚寺加善（嘉）病死仕候処、跡目無御座候ニ付、同行之内弥四郎相頼申度候間、道場役相勤申様ニ被為仰付遣下候ハハ難在可奉存候、為其口上書を以連判願状差上ケ申候、以上

延享弐年丑七月日　　尾添村

八右衛門（印）

（以下四十四名略）

小松

本覚寺様

尾添村の寺檀関係は、金沢専光寺・小松本覚寺・同本光寺に分かれているが、惣道場浄覚寺は本覚寺下の形式をとりつつも、寺檀関係をこえた惣百姓共有の寺であり、その管理者たる道場役は彼等によって選任されるのが原則であった。ところが、先代道場役嘉善の

後家は、盲目ながら一人の男の子があり、これにあとをつがせるべきだと主張して道場をあけわたすことを拒んだので、村を二つに割って、以来五十年に及ぶ争論となったのである。尾添村は白山への加賀からの登山口となっていた草深い村であるが、江戸の中期の五十年にわたって村を二つに割る争論が惣道場をめぐって争われたのである。その深酷さと村における惣道場のもつ位置の重要さに思い及ぶことはそう困難ではなかろう。この争論は、道場の明け渡しを拒まれた弥四郎側が別に一道場を開くことによって激化し、その道場に教念寺という寺号を免許されたものの、惣道場の称号をうることができなかったから、「此の浄覚寺の寺号と申は、尾添村惣道場と被下御免候寺号ニ而候ハハ、惣同行之御仏ニ而御座候」と、惣道場浄覚寺という寺号は惣百姓のものであることを主張して寺号をとりもどそうとしたのであった。ここに惣百姓結合の精神的紐帯としての惣道場というものの性格がよく示されていよう。序章でみた手取谷の、惣道場三ヶ寺は、村落の惣道場ではなく、谷全体またはその半分という広い地域の惣道場であって、いささか様相をことにするものの、惣百姓もちの寺としての性格は同じである。だから任誓の運動が発展したのは、一つにはこうした惣百姓の地縁的結合の形成という方向とマッチしたからであった。

信濃	三河	尾張	美濃	伊勢	近江	山城	河内	摂津	和泉	播磨	筑後	豊前	豊後	肥後
73	185	316	355	67	438	119	83	139	43	58	176	40	110	110
51	106	175	179	29	222	91	32	78	24	34	122	24	44	64
19	60	93	127	33	194	21	46	52	19	16	48	16	66	37
11	18	26	40	7	30	11	8	13	5	6	14	3	26	1
8	42	67	87	26	163	10	38	39	14	10	34	13	40	36
3	19	48	49	6	22	7	5	9	0	8	6	0	6	9
37	48	53	71	113	92	23	144	67	79	47	40	67	150	51
13	37	33	40	72	64	10	95	43	48	25	25	48	57	55
5	11	17	30	11	165	10	50	33	6	4	1	0	1	1
0	6	8	16	8	87	4	32	16	5	1	0	0	0	1
7	6	5	9	16	38	8	60	24	14	7	1	0	0	1
0	17	12	18	30	54	40	84	41	36	10	0	0	0	3
17	33	23	35	8	28	15	4	26	11	14	26	4	17	18
16	32	18	31	8	26	15	3	22	10	13	26	4	14	17
19	18	7	10	12	7	13	5	19	26	25	15	10	15	16
31	30	10	17	28	12	17	9	28	42	38	21	17	32	27
41	140	172	141	22	72	10	26	20	7	24	40	30	69	81
27	80	86	73	6	24	4	6	6	3	13	21	16	16	40
7	5	15	19	1	8	0	2	5	0	2	8	1	17	0
5	37	38	38	12	35	5	15	9	4	7	8	13	34	33
2	13	33	11	3	5	1	0	0	0	2	3	0	2	8
52	76	54	40	33	17	8	32	14	16	41	23	75	63	75
66	57	50	52	27	33	40	23	30	43	55	52	53	23	49
17	4	9	14	5	11	0	8	25	0	8	20	3	25	0
12	27	22	27	55	50	50	58	45	57	30	20	43	49	41
12	5	24	34	10	31	6	9	10	4	8	10	6	11	8
3	1	7	19	5	15	4	3	6	2	5	4	2	5	7
6	1	8	4	4	13	2	5	3	2	1	2	1	1	
2		3	8	1	2		1	1		1		1		
1		3	2		1						1			
	2	3	1											
	1												1	1
3.4	28.0	7.2	4.1	2.2	2.3	1.7	2.8	2.0	1.8	3.0	4.0	5.0	6.3	10.1
4.2	34.8	11.8	8.1	3.4	3.6	3.0	3.9	3.5	2.5	6.3	6.0	7.2	10.7	74.0

			陸奥	出羽	越後	越中	能登	加賀	越前	武蔵
A		寺院道場総数	74	194	545	291	206	150	156	261
B		古寺数	41	112	348	199	122	100	93	163
C		新寺数	31	74	171	76	76	39	53	92
	C_1	前期新寺数	9	32	55	20	28	8	16	39
	C_2	後期新寺数	22	42	116	56	48	31	37	53
D		道場数	2	8	26	16	8	11	10	6
	Ⅰ	発展比 C/B	76	66	49	38	62	39	57	56
	Ⅱ	近世比 $C_2/B+C_1$	44	29	29	26	32	29	34	27
E		惣道場数	1	4	6	0	1	4	15	2
	E_1	後期新寺惣道場数	0	1	2	0	0	0	6	1
	Ⅲ	惣道場比 E/A	1	2	11	0	1	2	10	1
	Ⅳ	後期惣道場比 E_1/C_2	0	2	2	0	0	0	16	2
F		飛檐寺院数	12	47	137	99	29	41	41	117
	F_1	古寺飛檐数	12	38	119	91	26	39	38	97
	Ⅴ	飛檐比 F/A	16	24	25	34	14	27	26	41
	Ⅵ	古寺飛檐比 F_1/B	29	33	34	46	21	39	41	60
G		下寺下道場数	29	141	348	124	118	49	37	75
	G_1	古寺下寺数	12	71	208	68	62	23	8	41
	G_2	前期新寺下寺数	1	27	37	9	16	2	4	11
	G_3	後期新寺下寺数	14	35	84	41	35	17	19	21
	G_4	下道場数	2	8	19	6	9	7	6	2
	Ⅶ	下寺比 G/A	37	73	64	43	57	33	24	29
	Ⅷ	古寺下寺比 G_1/G	41	50	60	54	53	47	22	54
	Ⅸ	前期新寺下寺比 G_2/G	4	19	11	7	14	4	11	15
	Ⅹ	後期新寺下寺比 G_3/G	48	25	24	33	30	35	51	28
		上寺数	10	28	45	34	29	18	18	23
		下寺1ヶ寺の上寺数	5	4	25	19	13	10	10	15
		下寺4ヶ寺以下の〃	2	9	9	8	7	7	6	3
		下寺9ヶ寺以下の〃	3	3	5	4	6		2	3
		下寺19ヶ寺以下の〃		2	2	3	2			1
		下寺49ヶ寺以下の〃			2	1		1		1
		下寺50ヶ寺以上の〃		1	2					
	Ⅺ	上寺1ヶ寺当下寺数	2.9	5.0	7.6	3.6	4.1	3.7	2.1	3.3
	Ⅻ	下寺2ヶ寺以上の上寺の1ヶ寺当下寺数	4.8	9.1	16.2	7.0	6.5	4.9	3.4	7.5

教団構造の地域性

『中物帳』では次表に示したように、こうした惣道場は近江の一六五を筆頭に、河内五〇、摂津三三、美濃三〇というように、畿内およびその周辺に多く、河内などは総寺院内の六割が惣道場である。小農民の本百姓体制がいち早く成立した先進地域ほどこうした惣道場が多いことが知られるのである。いいかえれば、先進地域ではこうした惣道場が村落内の農民たちによって開創され、その檀家となったから、原理的には村の範囲と寺檀関係の広がりは一致する。ただしこれはあくまで原理的にそうであって、惣道場が早く成立すればともかく既存の寺によって寺檀関係が一定の展開をみせた十七世紀中期以降成立の場合、それらの寺々の村内檀家をあずかるという形をとったであろう。尾添村や手取谷の惣道場がこのケースである。このような惣道場と村内檀家の寺檀関係を基本とし、惣道場的寺院が中核となる地域教団を畿内型と呼んでおこう。

それでは、このような惣道場が成立しなかった地域では村々の内に寺は成立しなかったのであろうか。そうではなくて、村々に寺が出来たが、それは村外の寺院の下寺や下道場という形をとって出現してくる。先にあげた能登鹿島郡の人別帳にみられた道場が、十七世紀後半に光専寺下というような姿で寺院化することを想い起こしてほしい。おそらく教正道場は、十七世紀中期までに光専寺と寺檀関係を結んでいたのであり、金丸村には光専寺門徒が多かったであろう。そこで教正道場は、それらの光専寺門徒を預かることにおいて力をたくわえ、光専寺の許可をえてその下寺として寺号を免許されたのである。こうしたケースは、前掲表の下寺数の多い地域、つまり、東北・北陸・東海・九州の諸国にみられた。これらの地域は中間地帯か後進地域であり、大百姓の分解・惣百姓体制の成立がおくれていたから、惣百姓の力によって惣道場を生みだす代わりに、村内の有力百姓が開創した道場が、その旦那寺の下寺という形で寺院化していったのであろう。従って、こうした地域の寺檀関係は、村外の寺院の檀家となるケースが多かったと思われる。とくにこれは東北や九州に著しいので、村外の大寺院の檀家となり、村内に下寺や下道場を生みだすタイプを東北九州型と呼んでおく。こうした地域では、出羽専称寺が六四ヶ寺、越後の本誓寺・浄興寺が一〇六・九三ヶ寺、豊後の西光寺が五〇ヶ寺、肥後の延寿寺が七四ヶ寺という多くの下寺を擁していることに知られるように、超大坊ともいうような寺が広範な地域に多くの下寺を展開させて、それらを介して檀家を掌握するようなものとなる。

このような大規模な本末関係をもつものは、このほかにも加賀の専光寺が九二ヶ寺、三河の勝鬘寺・本証寺・上宮寺が九二・七一・四七ヶ寺の下寺をもっているように中間地帯の東海や北陸にも見出せる。その意味では東北九州型に近い性格をもっているが、同時にここでは別の様相も見出せる。真宗の寺院格式のうち、礼銀で昇格できる最初の格式を飛

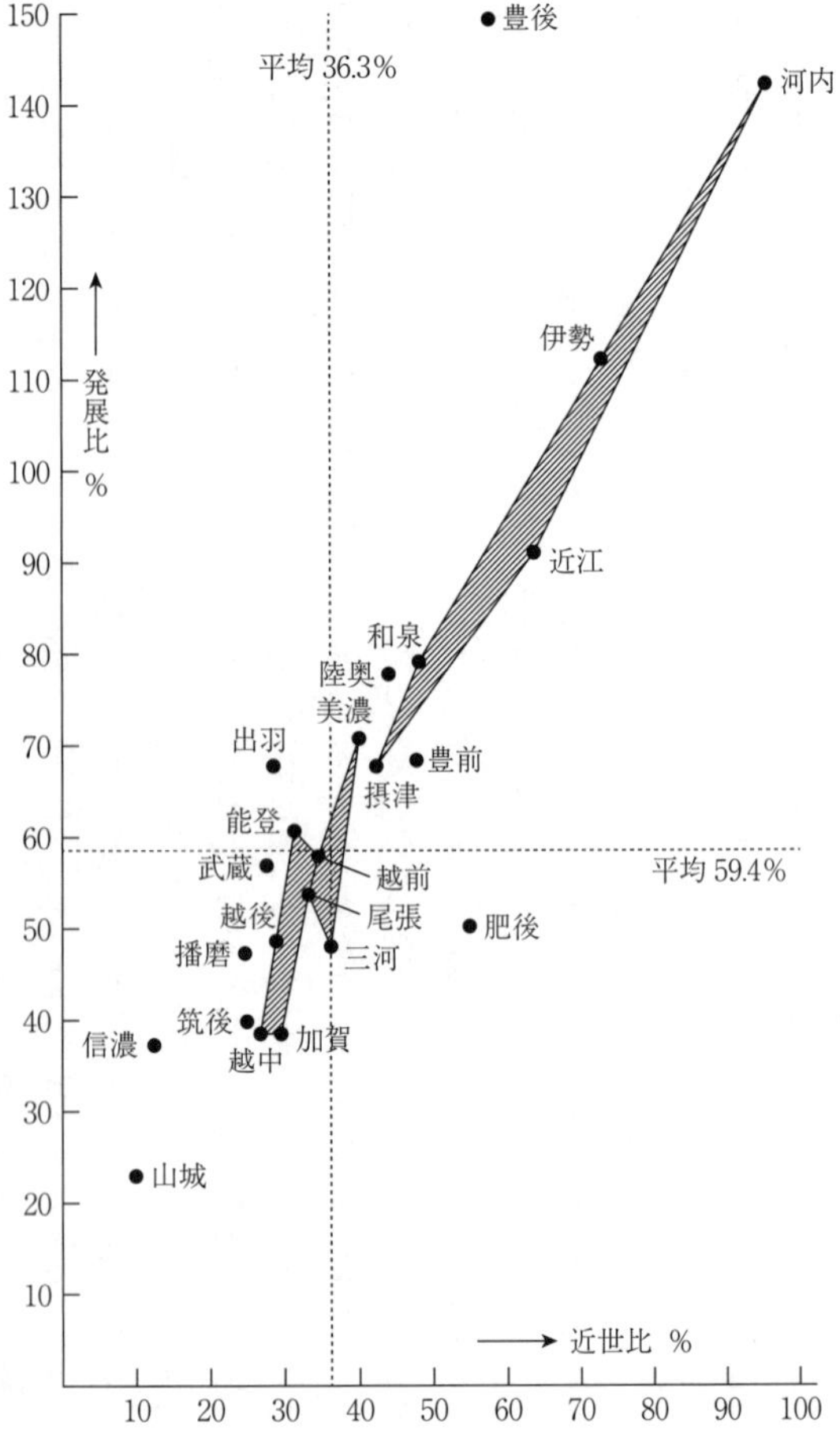

平均 36.3%
平均 59.4%
発展比 %
近世比 %
豊後
河内
伊勢
近江
和泉
陸奥
美濃
出羽
豊前
摂津
能登
武蔵
越前
越後
尾張
肥後
播磨
三河
筑後
信濃
加賀
越中
山城
150
140
130
120
110
100
90
80
70
60
50
40
30
20
10
10
20
30
40
50
60
70
80
90
100

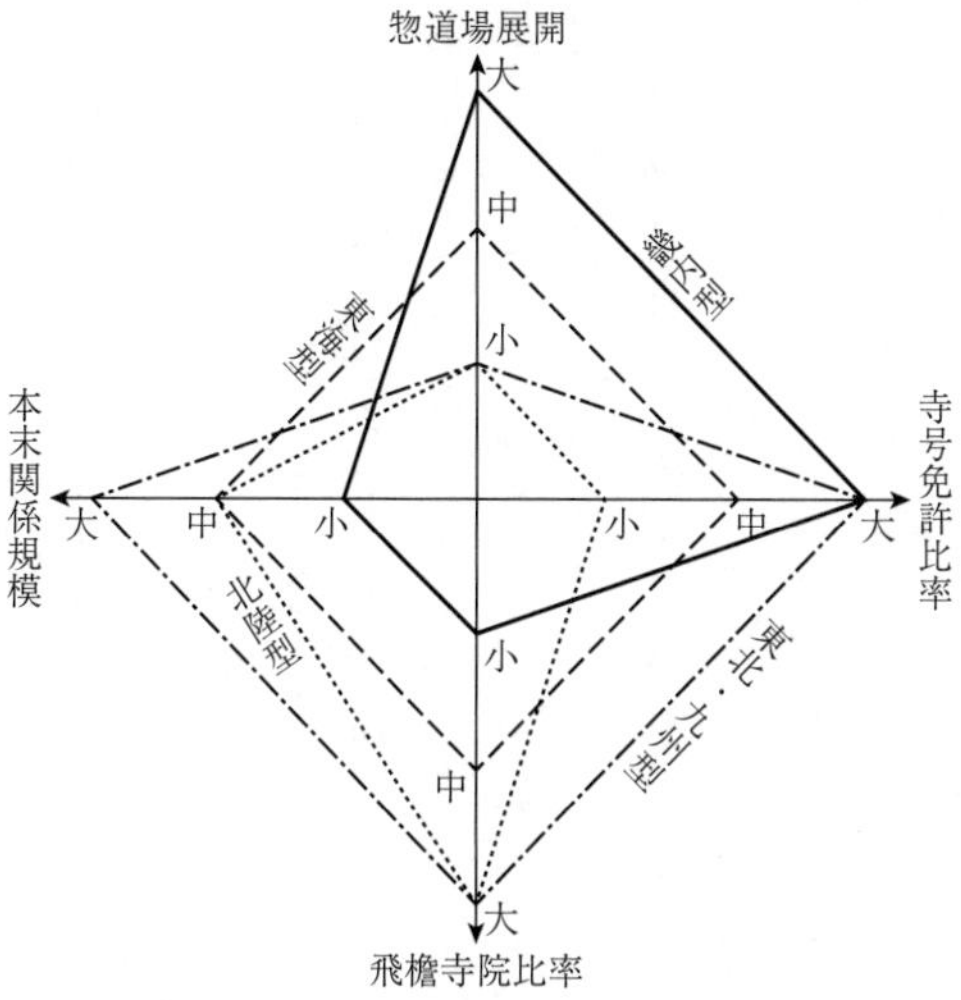

檐というが、その飛檐格の寺院が全体の四分の一程度を占めることが北陸地方の特色である。これにくらべて東海地方ではほぼ一割前後でしかない。飛檐格を免許されるには、寛文頃で銀壱貫六百匁余の礼銀が必要であったから、寺号免許が二五〇匁余であったことにくらべて大金を必要とする。従って、飛檐格寺院が多いということは、何十ヶ寺という下寺をもつ大坊ほどではないにしても、相当の檀家群をもつ中規模の有力寺院が多いことを示しているから、北陸地方を特色づけるものは、こうした飛檐格寺院であったといえる。これを北陸型と名づけておく。これと

区別される東海型は、一方で惣道場が若干みられ、飛檐格寺院もあり、大規模本末関係もあるという混合タイプとなる。

真宗教団の地域性をみるために、ということは寺檀関係のちがいをみることにもなるが、寺院の性格に焦点をあててきた。それに加えていま一つ指標とすべきは、こうした寺院を生み出す力の強弱である。上記のような寺院が生まれていても、それが中世にくらべて量的に少ないならば、地域性はまた別の様相を呈するであろうし、近世に入っての発展が大であっても、そのうちで十七世紀後期を中心とする近世的な寺院、つまり寺檀関係に全面的に依拠するようなものが多いか少ないかによっても地域教団の様相はことなってくるであろう。そこで『申物帳』にみえる寺院のうち、当初から寺号をもってみえるものを、『申物帳』の記載の始まる元和元年までに寺号を免許された古寺とみなし、十七世紀前半までの寺号免許も、問題は残るけれど、一応これに準じてあつかい、十七世紀後期のものを近世的寺院＝新寺として扱ってみた。これらの数値の組み合わせによって、量的にも質的にも近世的発展の強弱が判明する。図示すれば八〇頁の図のようになる。そして、これを一つの指標とし、他の三つの指標と組み合わせ、特色を明らかにするため数値を大・中・小というようにデフォルメした図を示せば八一頁のようになる。これを寺檀関係に引きつけていえば、畿内型は村内寺院との寺檀関係を中心とし、東北九州型は遠方の大寺院と、北陸型は中距離にある中型の寺院と、東海型はさまざまなタイプの混合した寺檀関係ということが理念型としていえるのである。

寺とは何か

寛永期に寺号免許が多かったという『紫雲殿由縁起』の記事は、以上のような真宗教団の地域性を考えるとき、畿内型地域ではかならずしもまちがいといえないという結論となろう。そこで次の問題にとりかからねばならない。浄土宗のケースとの差異の問題である。

真宗寺院は、いままでみてきたように、自庵であれ惣道場であれ、道場という型で出発するのが普通である。これは村落寺院とでもいうべきものを中心に考えてのことであるが、それらの開基にあたるものは、特定の大百姓かまたは惣百姓の集団であり、そこにはかならずしも専門の僧侶がいなくともよかったのである。これとは別に、真宗といえども僧侶が自分の住院として寺院を開創するケースはみられるが、たとえば本願寺の一門の僧たちが開いたいわゆる連枝寺・一家衆寺院など特異なケースに属するのである。

ところが浄土宗の寺院は、ということはその他の宗派でも同じことであるが、まず僧がいて、彼がその住院として寺院を開くのが普通のケースである。その場合、特定の檀越《だんおつ》の力によって開創するか、村のあき寺に入るか、あるいは隠退して別の庵を造るかという区別はあるにしても、まず僧がいて寺が出来るのであるから、その住するところは直ちに寺院となる。従って浄土宗および一般的諸宗派では寺号の有無は寺の成立とさほど関係がないし、第一寺号を免許するというシステムがはっきりしていないのである。これに対比して真宗のケースをもう一度みなおせば、真宗の寺は、まず道場などの施設が先に成立し、僧の存在は第二義となる。そして、その施設の維持・管理の基盤が確立した段階でその専従者として僧が入る。さらに次の段階として本山へ寺号免許を願い出るのであった。

そのようなわけで、浄土宗の『蓮門精舎旧詞』は、その寺庵の出発点の年次を示すのに対し、真宗の『中物帳』は、道場としての出発点よりも、それ以降における寺院化の年次を示しているという差異をもっている。ここに浄土宗寺院の開創が天正～寛永年間に集中している理由があり、真宗でも由緒書などを史料として、道場としての出発点をもっていえば、ほぼ同じような結果が出るであろう。これで問題はかたづいたわけではない。次に考えねばならないのは、真宗では寺号免許に一つの基準があり、これによって本山は教団構成単位として末寺を掌握しうるのであるが、浄土宗のような場合、どこでこれを寺とみなすのかという問題である。これは寺檀関係がやがて制度化されるとき、その主体となる寺とは何をもっていうかという問題を引きおこす。これを一般化していえば、近世において寺というとき、それはだれによって、何を基準として決定されたものをさすのかということである。この問題は次章において考えてみたい。

寺檀関係の展開

寺檀関係の決定要因

十七世紀前半の半檀家的寺檀関係は、十七世紀後半、農民の家が広汎に形成されてくると、その家結合の精神的紐帯としての祖先崇拝を生み、その菩提寺として特定寺院との関係を固定化することによって、一家一寺制の寺檀関係が形成され、それらを基盤に、道場から発展した近世的な寺院が全国の村々に成立することになる。このような寺檀関係形成の一般的条件についてはのべることができても、甲という家がどうして乙という寺の檀家になったか、というような個別寺檀関係の決定要因についてはいまだ何ほども明らかになっていない。最も有力な説明は、家結合の紐帯たる祖先崇拝を基底においている寺檀関係は、系譜としての家の性格からして、同族団へ拡大されるから、寺檀関係決定要因は同族結合であるというものである。本家が何らかの契機によって特定寺院と寺檀関係を結ぶことにおいて、そこから分出された分家は全てこの寺檀関係に加わるのである。家の系譜的性格が同族団の寺檀関係を決定したといわれるけれど、分家が高の分割相続であり、本家と分家は、高経営にあたっては相互に補完しあう協業関係を維持するのであるから、寺檀関係の同族団による継承は家および同族団の生産体としての性格、そのための精神的紐帯の維持という性格もまた強い。そうして近世村落は、こうした同族団がいくつか集まって構成されると考えてよいから、村内にいくつかの寺檀関係が存在するのは、基本的に同族団によるものと考えるべきであろう。このとき、一つの家または同族団が近世初頭から圧倒的に優勢な場合、村全体が一つの同族団でおおわれるようなケースもおこる。このときは一村一寺檀関係となる可能性がある。こうした一村一寺檀関係を土門徒《つちもんと》というが、それはその村に住むという「土」によって、一つの寺檀関係に決められている意味だといわれる。一見地縁的関係のようにみえるが、土門徒はこうした一同族団によって構成される村にみられるものであったのではないかと思う。しかし、現に土門徒でありながら、同族団的様相がなく、系譜的には個々別々の村もある。それらは、新開村に多いようであるが、この場合は個々別々に入村した家が、同一寺檀関係を形成することによって、欠如している同族的結合をおぎなおうとしたものであるとみることができる。一種の血縁疑制である。土門徒の場合、旦那寺は村外にあるものが普通であるが、旦那寺が村にある場合は、惣百姓結合の村惣堂という性格をもつことになり、地域的な寺檀関係のようにみえる。その場合でも、村が同族団の集合体であるなら、いくつかの血縁集団が地縁的に結合したという点で、やはり血縁集団が基本となる。このように考えるなら、寺檀関係の決定要因として、同族団という血縁関係はきわめて重要なものであるといえる。半檀家から一家一寺の寺檀関係への展開においては、本家取りは父方の旦那寺、分家も家の相続者であるから父方の寺をつぐという「旦那取決め覚書」の考え方は、こうした方向を示すものであろう。

尾添村の寺檀関係

同族団結合による寺檀関係の決定の例証を示すことはなかなか容易ではない。そのようなことを示唆する事例として次に石川県尾口村尾添の寺檀関係をみておこう。

尾添村の寺檀関係は三ヶ寺六道場に分属するものであるが、各寺の檀家群および道場付檀家群にはそれぞれ中心となる同族団の存在が知られる。本覚寺檀家は山田・鶴尾・板尾姓を中心として密谷道場に、山崎姓を中心に山崎道場に、西・北村姓などによって西道場にそれぞれ分属し、専光寺檀家は林・小林・上田姓の林道場、沢姓の沢道場に分かれ、本光寺檀家は夏至・内河姓を中心に丸尾道場によっているのである。かつて尾添村には、密谷道場の前身である教念寺があり、さらにその母胎となった浄覚寺があって、惣道場をめぐって争論がつづいたことは前にのべた。寺檀関係を越えた、尾添村惣百姓の寺ともいうべき惣道場がこの争論によって実体を失ったとき、このような六つの道場が成立したので

- 本覚寺　35
  - 密谷道場　19
    - 山田　5戸
    - 鶴尾　3
    - 板尾　3
    - 密谷　2
    - 松本　2
    - 水原　2
    - 尾田，北田各1
  - 山崎道場　11
    - 山崎　6
    - 千菊　2
    - 水原，久保，木下各1
  - 西道場　5
    - 西　2
    - 北村　2
    - 酒井　1
- 専光寺　16
  - 林道場　10
    - 林　2
    - 小林　2
    - 上田　2
    - 道田，林下，今井，沢各1
  - 沢道場　6
    - 沢　5
    - 宮本　1
- 本光寺　10
  - 丸尾道場　10
    - 夏至　2
    - 内河　2
    - 北辰，京正，山田，徳田，中村，丸尾各1

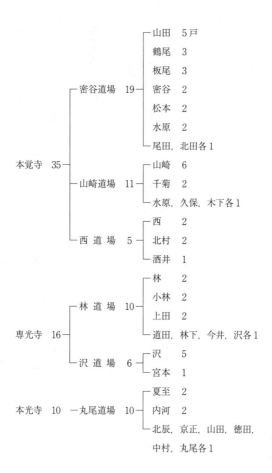

あろうが、それは、右にみたような有力同姓集団＝同族団が、単独で、あるいはいくつか連合して、その集団の道場を作りあげたのであろう。つまりこのことは、かつてはこれら同族集団の本家にあたるような農民たちが、惣百姓として結合し、惣道場をもっていた尾添村が、近世中期にいくつかの有力同族集団の連合体に変質していったことを示している。六道場のうち、惣道場の後身である密谷道場を除く他の五つは、いずれも居道場（独立の建物をもたず、住居の一室を仏間とするもの）であり、その家の衰退などのときは、同姓集団の間で他へ移されるというのも、これらの道場が同族団の菩提寺であることを意味している。従ってまた、当初に成立した惣道場も、同族団が独自に道場をもちえない段階において、尾添村という同族団連合体の道場として成立したものであったとみてよい。このとき、本覚寺・専光寺・本光寺という旦那寺は、村民の必要から設定されたというよりは、寺檀制度＝寺請制度の必要から決定されたものであり、尾添村の寺檀関係の本質は、むしろ村内の道場と家との関係にあったとみてよい。この問題は、尾添道場争論の論点の一つが寺請の権限をめぐるものであったことにも知られるのであるが、その検討は次章にゆずりたい。

檀家分布表

		余地	上田名	谷	笠島	横山	宇気	宇ノ気	内日角	大崎	森	上山田	下山田	多田	気屋	鉢伏	七窪	狩鹿野	指江
余地	光明寺	15				6				4									
余地	浄福寺	20																	
上田名	善教寺		13																
谷	本立寺			4	4	1									1				
横山	常行寺					30													
横山	光琳寺	2	22	14	14	40													
宇気	仏性寺	11					3												
宇ノ気	教証寺							12					25						
内日角	誓海寺								30										
大崎	専信寺									63									
森	長楽寺		7	3	15	○	30			20	35	8				6	15	5	
森	本楽寺							○			○								
上山田	成証寺							25			○	11		○		8			
多田	妙鏡寺											11		13					
気屋	超願寺																		
気屋	正覚寺							6							7		2	3	
鉢伏	願成寺		2					13								30	○	5	
狩鹿野	誓玄寺							10		2								10	10
指江	海念寺																		
津幡	弘願寺					2	29	9		15					27	2	4	10	9
領家	広済寺		2									10	7		8	13			29
金沢	仰西寺											13		12		2			1

常行寺・誓海寺は所在地以外の数を知りえなかった。超願寺は調査できなかった。聞き取調査によるため、かならずしも正確なものではない。○印は数不明のもの。

真宗寺院由緒表（主として由緒書・寺伝により、河北郡誌を参考として作成）

寺名	所在地	開創年次	開基	開基旧名	寺号免許年次 願主	寺号公称	本末関係	備考
成証寺	上山田	文明3	道正	郷士 広瀬富之助	享和2 道正	明治2	直参	五世道正（元和3歿）九世道正（宝暦13歿）
正覚寺	気屋	文明5	正導	白山社家 兵衛道正	嘉永1 道正	明治2	直参	開山・木仏（文化5）、太子・七高祖（弘化1）願主は道正
妙鏡寺	多田	文明5	聞敬	高藤兵衛	文久1 聞精	明治12	仰西寺下	
常行寺	横山	文明6	静念	高田左兵衛之丞	文化6 浄念	明治2	（直参）	八世浄念（文化10歿）
教証寺	宇ノ気	文明6	隆寛	天台宗僧			直参	
善教寺	上田名	文明7	行西	末広某	宝永2以前行西		光琳寺下	初代行西宝永2歿
光明寺	余地	文明8	遊明	越中の山伏	宝暦12 遊念	明治11	光琳寺下	
超願寺	気屋	文明8	通賢			明治11	（弘願寺下）	
本立寺	谷	文明中	林道	西照院十二坊の宝寿坊	嘉永1 林導	（明治2）	直参	
浄福寺	余地	文明中	教宗	紀大明神々主山本金蔵裔磯右エ門	慶応1 静恵	明治2	直参	七世退導、十世退道、十二世諦道と同名三人
仏性寺	宇気	蓮如代	義天（忍）		文化8	明治12	（直参）	
専信寺	大崎	蓮如代	信慶	尾張守某（久世左エ門康光子宗重）	宝永6 了空	明治25	直参	
願成寺	鉢伏	蓮如代	了西	真言僧 法林坊	文化6 了西		直参	十二世了西（文化15歿）寺号・開山の願主

長楽寺	森	大永3	祐玄	郷土 村守八郎右衛門		天和3		
本楽寺	森	天文3	道正	真言宗僧	寛文8			琢如影像の願主は道正
誓玄寺	狩鹿野	天文8	順正	間野伊信（将監）	天和3 祐誓			
誓海寺	内日角	天文23	道願		慶安5 祐学			
海念寺	指江	元文3	仮設	日蓮宗僧	明治3	明治12	広済寺下	
光琳寺支坊	横山	明治13	祐曜	光琳寺二男	明治13		光琳寺下	

宇ノ気町の寺檀関係

このように、村落内の同族集団が単独で、あるいは連合して、その菩提寺として村内に寺を開創するというのが、寺檀関係の一つのパターンであろうと思う。ところが、村内にこうした菩提寺を開創するだけの力が村民にたくわえられる以前に、村外の有力寺院が進出し、寺請制度を媒介にこれらを檀家とするケースがある。畿内型地域では前者が、それ以外の地域では後者のパターンが一般的であると思われるが、一つの地域内でもこれらのパターンが併存することがありうる。次にこうした事例として、石川県河北郡宇ノ気町の事例をみておこう。

この町は、加賀と能登の境に位置し、中世には北部は賀茂社領金津圧、南部は祇園社領北英田保に属し、すぐ南には一向一揆の有力者木越光徳寺・光琳寺があり、また東方の山地には古い寺格をほこる鳥越弘願寺があってこの地へ勢力を伸長していた。このうち一揆の途中で能登へ移った光徳寺はここに檀家をもっていないが、光徳寺とともに能登へ移った光琳寺は、旧金津庄域を中心にして檀家をもち、やがて下寺や支坊をおくほどであった。また弘願寺は、この地域を東西に横断するように檀家を分布させている。このほか、近隣の領家広済寺や金沢の寺の檀家も存在する。こうした中世有力寺院の檀家は、基本的にはやはり中世土豪の系譜を引くものであろう。一方これとは別に、宇ノ気町十八の集落に、十九ヶ寺の真宗東派の寺院が存在している。それらの寺檀関係分布を一括して示すと前表のごとくになる。また別表に示した各寺の開創・寺号免許・本末関係からわかるように、これらの多くは、もと直参道場である。直参道場とは、本山直参の檀家、具体的には本山の出張所である金沢御坊の檀家を預る本山・御坊に直属する道場である。ということは、この地域の大部分はかつて本山直参の檀家で占められていたということである。おそらくは能登へ去った光徳寺の門徒であって、のち金沢御坊に吸収されたと推定される。これら直参道場は、開創こそほとんどが、蓮如が北陸に移っていた文明年間におくものの、寺号免許は幕末~明治初年であるから、江戸時代を通じて自分の檀家をもつ寺院ではなかったのである。そうした直参道場を起源とする寺院の檀家分布は、基本的には、その所在する村内を中心とするものであるから、元来これらの直参道場は、村惣道場の性格をもつものとみてよい。表向きは金沢御坊の檀家を預かる形であったが、幕末〜明治初年にこれらを名実ともに寺檀化し、寺院に成長したのであるから、その寺檀関係の成立はきわめて新しいものである。これを先の尾添村に比べると、本覚寺・専光寺・本光寺にあたるのが金沢御坊であり、六道場にあたるのが直参道場であるから、宇ノ気町の直参道場に始まる寺院は尾添六道場が各々寺号を獲得した状態とみることができる。従って、直参道場と檀家の関係は、正式になるのこそ新しいにしても、より本来的なものであって、寺請制下において潜在せしめられたものであったことになろう。このようにみてくるとき、寺檀関係が本来的に結ばれても、寺請制の下で寺とみなされないものとの間の関係は公認されない関係となることが明らかになった。このことは、次章で検討する寺請制の本質にかかわる問題であるので、ここではこの点に留意するにとどめておく。

宇ノ気町の寺檀関係では、直参道場のそれとは別に、ある一ヶ寺の檀家が村々に横断的に分布するケースがみられる。それらの寺の由緒をみると、ほぼ大永〜天文年間に開創され、十七世紀中期までに寺号免許をうけている。そしてまた、これらの寺の開創者の多くは、たとえば森長楽寺が郷士村守八郎右衛門であり、狩鹿野誓玄寺が間野伊信であるといわれるように、中世土豪的な存在であったから、そうした一族の菩提寺として出発し、近世までに周辺の村々に住した一族を檀家としていったのであろう。逆にいえば、居村を中心に近隣の村々に寺檀関係を広げた中世起源の寺は、中世土豪に系譜する同族団の寺として成立・展開したことが一般的にいえるし、居村のみに寺檀関係をもつ寺は、これよりおくれて成立し、村内の近世農民の寺として、これと寺檀関係を結び、その同族団の展開があればこれを檀家にくりこんでいったといえる。

寺檀関係の形成の具体相については、まだまだ不明な点が多い。以上のようにとぼしいデーターで、貧弱な推論をのべるにとどめておく。

第二章　寺請体制

宗旨人別帳制度の成立

民衆の家の成立と民衆的寺の成立、その間に寺檀関係が形成されたことを前章でみてきた。それを基盤にして、江戸幕府の法令によって制度化されたのが寺檀制度である。本章では、その法制化の過程を明らかにし、あわせて、その意味を考えよう。

通説への疑問

通説によれば、寺檀制度はキリシタン禁制を目的または名目として始まり、民衆統制制度として形成されたといわれている。そのとき、寺檀制度の名で呼ばれているものは、宗旨人別改めであり、宗旨人別帳であり、あるいは、それにもとづく寺請証文のことを意味している。ところが、これらのかなめとなる宗旨人別帳の作成が法令上で明確にされたのは、実は寛文年間（一六六一〜七三）のことであり、島原の乱を中心とするキリシタン禁制が強化された寛永年間（一六二四〜四四）をへだてること三〜四〇年ののちのことなのである。これはいったいどういうことなのだろうか。キリシタン禁制を目的または名目とした宗旨人別帳制度が、事実上キリシタンがほとんど姿を消してから三〜四〇年後に出来上がったというのはどうもおかしい。三〜四〇年なんて、江戸時代というのんびりした時代にたいして問題ではない、といわれるかもしれないが、いくらのんびりした時代であっても、三〜四〇年なら一世代のへだたりをもつ時間であり、事実キリシタン禁制に熱心であった三代将軍家光はすでになく、その子の四代将軍家綱時代のことなのである。家綱の時代から幕府政治は、それまでの武断政治から転換して文治主義になり、諸制度の整備が行われた時代であったという点からいえば、前代のキリシタン禁制の事実を、ここで法制化したにすぎないという見方もできようが、必要のなくなった施策まで法制化するということは、いくらのんびりした時代であったにしろ不自然であるから、この見方では充分に説明し切れないものが残る。とすれば、寺檀制度、つまり宗旨人別帳にもとづく寺請制度は実は寛文期において必要とされた故に法制化されたということになる。ここから、寺檀制度・宗旨人別帳制度は、キリシタン禁制という名目をかりて、おこなわれたもので、その実体は民衆の戸籍を作成して統制しようとするものであったという見方も生まれてくる。この意見は、結果として寺檀制度・宗旨人別帳制度が、戸籍として機能した点からは否定できない見方であるけれど、それでもなお残る疑問は、幕府や藩が宗旨人別帳を戸籍として作成したなら、どうしてこれにもとづく身分証明を寺請というかたちで寺にまかせたのか、ということである。幕府や藩の統治機構は、それをなしえないほど弱体ではないから、寺にこれをまかせたこと自体が意味をもっているはずである。しかも、寺檀関係というものは、すでにみてきたように、地縁的なものとは限らない方が多いから、藩を超え、村を超えて展開している寺檀関係にもとづいて寺請を行い身分証明をするというのは、どうも実際的ではないようである。ちょっと考えただけでも、寺檀制度成立についての通説は、このように多くの疑問点をのこしたままなのである。それでは、こうしたことを念頭におきながら、法令などを中心に、宗旨人別帳制度が形成されてくる過程をみていこう。

キリシタン改め法令

幕府は、元和初年の禁教令以来、たびたび令を発して禁教の徹底と潜伏キリシタンの摘発につとめたのであるけれど、禁教や摘発の具体的方法についてふれた法令はほとんどない。たとえば寛永十二年の令では、

一、伴天蓮幷きりしたん宗旨之儀、此より以前、御制禁たると雖ども、今に至って断絶なき様聞召さるゝの間、いよいよ領内幷面々家中きっと相改め、自然右之宗門これ有るに於ては捕置、これを言上致べし、自分の儀は勿論、組中与力、歩行、同心以下迄相触の旨、執役の面々御白御書院に於て、上意の趣、年寄中申渡され畢

というように、領内および家中について「相改め」よと指令しているが、その方法につい

ては何らふれられていない。せいぜいのところ、寛永十五年九月の法令「彼宗門これ看て訴人致す族は、……公儀より御褒美下さるべき」とあって、訴人を奨励し、あるいは十六年七月の法令で「領内浦々ニ常々慥成者を付置、不審これ有る船来におひてハ、入念に相改むべし」というように、浦方警備を厳重にすることを指令しているぐらいである。万治二年においてようやく、

一、きりしたん宗門之儀、密々今以てこれ有べきの間、家中之輩中間小者に至迄、常々油断なく、申付らるべし。勿論奉公人出替之刻は、請人に念を入、宗旨をあらため相抱べき事

一、百姓町人は五人組、旦那寺を弥相改め、不審なる宗旨これ有に於てハ、穿鑿をとぐべき事

と、五人組、旦那寺にきりしたん改めの責任を負わせることや、奉公人を抱えるときの請人にその改めを行わせることがみえている。

諸藩のキリシタン改め

このように幕令ではその改め方法についてほとんどふれていないが、この指令をうけた各藩では、独自にキリシタン改めを行い、その内には宗旨人別帳的な方法をとるものも

あったようである。早い例では土佐藩の『憲章簿』の中に「宗門御改差出之儀、元和二年より初而」なされたとあること、また「慶長中迄は家並帳と相唱申所、其儘宗門連判帳に引直」とあることから、土佐藩では元和期から宗門改めを家並帳という人別帳を利用して行っていたようにうかがわれる。また若狭小浜藩では、寛永十二年に当時老中であった藩主酒井忠勝が、

一、村々五人組を申付、堅連判之手形を申し付く可き事

一、きりしたんの宗旨ニ而これ無き証拠ニは、何も頼候寺かたこれ有るべく候間、寺の坊主ニ堅手形を仕らせ申すべく候事

と命じており、どうやら五人組帳を利用して寺請によるキリシタン改めを実施したようである（藤井学「江戸幕府の宗教統制」岩波講座『日本歴史』近世3）。

このように寛永中期までのキリシタン改めは、五人組帳や家並帳、あるいは人畜改め帳などの帳簿を利用しておこなわれたようであるが、それらの多くは旦那寺の名前が記されていたにしても、寺がキリシタンでないことを証明する寺請を伴っていなかった。たとえば、第一章で紹介した大坂菊屋町の寛永十六年の宗旨御改之帳の前書には、

一、此以前より切ニ仰付られ候吉利支旦宗旨御改の儀、毎年町中五人与借屋之者共吟味いたし、油断仕らず候事

一、吉利支旦宗旨の者ニ家をかし候者ハ、家主たとい宗門にて御座なく候而も御成敗、両となりは闕所ニ仰付らるべし、堅御触の上は油断ニ存まじく候事

一、他所より参家買者、幷借家かりニ参候もの、町中立会宗旨改寺請を立させ置申すべく候事

とあって、借家人などには旦那寺の寺請状が必要であったけれど、それを町中立会で改め、あるいは家主が責任を負うということが定められていて、旦那寺はキリシタン改めの直接の責任を負わされていないのである。このため、菊屋町宗旨人別帳では、旦那寺の名は記してあっても、寺の請印はどこにもなく、代わりに町年寄が責任者となっているのである。もっとも、大坂の場合は農村と事情をことにしており、こうした俗請の形式はずっと後まで続くので、一般的例とはできない。しかし、このような宗旨人別帳が、全国画一的ではないにしても、寛永中期からあちらこちらで作成され始めたこと、さらにはそれに先立って、個別的な寺請状が出されていたことなどからいえば、この時期には寺檀関係の形成はすでに一般化しており、寺違いの半檀家が多く、また流動的ではあったにしても、ある一定時点でみれば全ての民衆が特定の旦那寺をもつにいたっていたことが予想される。

そのような状況に対応して、寺側でも檀家帳というよう帳簿が作成されてきている。菊屋町宗旨人別帳の奥書に、「当所御寺之帳ニ付申さざる者御座候ば」という文言があるから、町年寄の作る俗請の宗旨人別帳の他に寺が作成していた「御寺之帳」というものがあったことが知られる。そのようなものの一つの例として、加賀藩領越中砺波郡柳瀬村万遊寺の寛永二十一年の「吉利支丹御吟味帳」（『砺波市史』所収）と、同法林寺村光徳寺の「旦那吟味之帳」（笠原一男『一向一揆の研究』所収）をあげることができる。加賀藩では寛永二十年に領内に一せいに宗旨人別改帳を作成したようで、その一つが、第二章でみた能登珠洲郡高屋与宗旨人別帳であったが、これは俗請形式であり寺請がなかった。加賀藩はこれを各旦那寺より書き上げさせた檀家帳と対照したところ、あちらこちらに相違が発見されたので、寺々に対して改めて檀家帳の作成を命じた。右の二ヶ寺の檀家帳はこのときのものである。つまり、以下に示す檀家帳は、藩の命によって領内寺院がいっせいに作成したものであった。さて、その前書には、

一、先規より拙子迄、本願寺末流柳瀬村正玄門徒少も偽り御座なく候、年忌志等も仕、聴聞の為参詣仕候而法義相守り申候、子々孫々ニ至り、流義替申まじく候、か様ニ申上候所、心底ニ偽り御座候は、恭くも日本国之大小神祇之御罰を蒙り、永世之後

生取り失い申すべき事疑なく候、右之通以来迄相嗜、御宗旨信心慥ニ相続仕り他念有まじく候、其の為誓紙を以て申上ル所、くだんの如し

というように、弥陀一仏専修の真宗寺院のものとしては不似合な大小神祇之御罰を蒙るという文言があるのも、これが藩の統一様式として起請文形式をとったことによるものであろう。そして檀家に対しては、年忌志を納入し、寺へ聴聞に参詣し、法義を相続し、これを子々孫々に伝えることを義務づけているのである。このことは、「宗門檀那請合之掟」とか「東照宮御掟目」とかの名でよばれ、家康が慶長十八年（一六一三）に発布したとされている有名な偽文書の文言を想起させる。この文書は、その内に十七世紀末の悲田宗禁止を含んでいて、とうてい家康の時代にはさかのぼりえないものであるが、そこには、

一、頭檀那なり共、祖師忌・仏忌・盆・彼岸・先祖命日に絶えて参詣仕らざる者は判形をひき、宗旨役所へ断り、きっと吟味を遂ぐべき事

一、先祖の仏事他寺へ持参致し法事勤め申す事堅く禁制

一、先祖の仏事、歩行達者なる者、参詣仕らず、不沙汰に修行申可者は吟味を遂ぐべし

などと、先祖の法事などつとめず、寺へ参詣しないものはキリシタンであるとみなすと規定されている。加賀藩の様式による右の檀家帳の前書は、主旨としてはこれと何ら変わる

ところはない。寺檀関係はこのようにして権力者や寺側からは、先祖の法事をつとめることとして把えられていたことを示している。

寛永期宗旨人別帳の性格

寺の僧たちは、このような藩の宗旨人別改めを利用して、その寺檀関係を強固なものにしようと努めた。藩側もそのことについては反対する理由はなかったから、各地でおこなわれた宗旨人別帳の作成が、民衆側における家の形成過程で旦那寺と結びつくという状況と合致して、寺檀関係を一般的なものにしていった。けれども、これは一つの結果であって、藩当局は特に寺檀関係を強化しようと意図していたわけではなかった。また幕府の宗門改めの指令にもとづいて宗旨人別帳を作成したにしても、それはキリシタン改めを本来の目的とするものではなく、これに便乗して領民把握を進めようとしたのであったと考えられる。つまり幕府のキリシタン改めの指令は、各藩によって、領民掌握の手段に利用されたのであり、それはさらに寺によって利用され寺檀関係の強化の方向にむけられたといえる。寛永期の宗旨人別帳は、五人組帳を利用したり、既存の人畜改め帳や家並帳を利用したりしたものが多いと先にのべたが、それは実は逆であって、宗門改めを口実として、これらの人別帳を作成し、領民を掌握しようとしたといった方がより正しい。

そのことは、寛永期宗旨人別帳をみることによって明らかになる。先掲の能登珠洲郡高屋与の宗旨人別帳は、実はこれに先立つ寛永十六年の人別帳との関係において考えねばならない。時間的に四年の差をもつにすぎないこの両帳はことなる部分がきわめて多い。人別帳は一部に脱落があって、完全な対比はできないけれど、たとえば合計戸数で人別帳は四七戸、宗旨人別帳は九四戸と実に二倍になっている。平均家族数でも前者が五・七人、後者が八・七人という差をもっている。これは人別帳が六歳以下の幼児を除外していることを計算に入れてもなお不審の残る数である。結論的にいえば、人別帳は、下人や地之者という主家に隷属した百姓や、役を負担できない小百姓を除外しているために、戸数や家族数が非常に少なくなっているのに対し、宗旨人別帳は、全領民を、その現実形態においてとらえようとしたものである。つまり、加賀藩の人別帳は、役負担農民の調査であり、宗旨人別帳は領民調査であった。この両帳が互いに補いあって、藩政の基本データーとなることは論をまたない。

ところがさらに不思議なことに、宗旨人別帳と同時に作成されたと思われる、越中の二ヶ寺の檀家帳は、これらとはまた別の記載基準でなされたようである。その記載様式は、

利波郡之内油田宮村

一、徳右衛門（略押）　かゝ　子又右衛門（略押）　又右衛門ハ森河勘解由様ニ奉公仕候

というようなものである。このようにして、万遊寺檀家帳では、四九戸、光徳寺檀家帳には六五戸が記載されているが、その平均家族数は前者が二・七人、後者が二・八人と非常に少ないのである。さらにくわしく見ると、その家族構成は戸主と女房・子供を中心とし、戸主の両親や家族もちの兄弟姉妹がまったくふくまれていないところにその理由がある。しかも全戸完全な一家一檀那寺である。どうやらこの檀家帳は、農村の状況をそのまま記載したというよりは、何らかの作為があるようであり、それは、戸主夫婦を中心とした一世帯を一戸として記載するものであったと思われる。この檀家帳は藩の指令によるものであるから、この記載基準もまた藩の指令によったものであると考えられ、加賀藩は寛永二十一年に、一方で村単位に全領民の記載を命じ、一方で寺ごとに単婚小家族形態で檀家の記載を命じているのである。あるいは、このことは藩の指令とは関係なく、寺ごとの檀家の書き上げであるから、各寺は檀家の内から別の寺の檀家である家族を除外した結果とも考えられるが、両帳の家を精査すると、全一〇九戸の内子供を一人も含まないものが五一戸もあるという点で、寺違い寺檀制を反映するものとは考えにくい。ともあれ、このように何らかの作為、というよりは藩の特定の目的の下にこれら宗旨人別帳や檀家帳が作成されているのであるから、それらはキリシタン禁制に名をかりた、藩の農民把握策の一環としてなされた可能性が強い。

宗旨人別帳作成の法令

さて、このように宗旨人別帳作成が十七世紀前半に各地で行われた事実をふまえて、幕府も宗門改めの手段としてその作成を命じるに至る。寛文四年（一六六四）十一月の幕府の触では、

一、耶蘇宗門御制禁たりといへども、密々之を弘むる族之ありと相見へ候、いまた断絶之なき条、向後は穿鑿を遂げ候役人を定め、常々油断なく家中幷領内之を改め、不審成もの之なき様に申付らるべし。

というようにキリシタン改め専門の役人＝宗門奉行を各藩におくことを命じたのである。

加賀藩では、これに先立って同年閏五月に、

跡々申触候、御家中義里志丹宗門御吟味之儀、常々念を入れらるべく候、少も不審成者隠置き、外より顕候は曲事に仰付らるべき事、

一、人々旦那寺書付上申すべく候、或は代々寺に候歟、或は身の代に宗旨替られ候歟、其品委細書付上ぐべき事

一、亥、丑両年、公儀より仰出され候御条数の趣、いよいよ相守べき事

右組中幷御自分家来下々男女迄申渡され、組中の書は組頭に取置、頭より一組切に帳面に之を記し上ぐべく候、以上

と令して、家中および下々男女の旦那寺について書き上げさせ、組頭がこれを帳面として提出するように命じている。この帳面は宗門改め帳と呼ばれたようで、「宗門改帳最前之案紙・金沢何寺と迄御座候、共に就て同寺号などこれ有、紛らわしき事御座候、金沢何町何寺と改させ申候」（国事雑抄）とあるように、藩はその案文ヒナ形を作って示しているのである。

次いで寛文一〇年（一六七〇）幕府はその直轄領の代官に対して次のように命じた。

一、其方御代官所耶蘇宗門改之儀、御念を入られ候由ニ候えども、いよいよ油断なく申付らるべく候、向後は百姓一軒ッ、人別帳ヱ之を記し、一村切に男女之人数寄を致し、又一郡切ニ成共、国切ニ成りとも都合をしめ、自今以後懈怠なく申付られ、帳を手前ニ差置かれ、此方にハ当年之通り一紙手形を差上らるべく候

というように、百姓を一軒ずつ人別帳に記して宗門改めを行うことを指令したのである。幕府の直轄領に対するこのような宗門人別帳作成指令は、当然諸藩に大きな影響をあたえ、各藩は以来この方式を採ることになった。加賀藩は寛文十一年に、寛文四年に帳面にして差し出した以降召使ったものについて帳面を作成することを命じているから、寛文四年の宗門改め帳を基準にしてこれに移動変更を加えていく方式で宗旨人別帳を制度化したのである。この場合、「跡々の如く、寺より檀那紛之れなしとの書付御取あるべき事」とある

ように、寺請は宗旨人別帳で行うことなく、別に書付を寺々より取るという方式がとられたのである。全国各藩でもこのような幕府の指示に従って宗旨人別帳が制度化されたものとみてよい。

一家一寺制法令

宗旨人別帳に寺請を加えるときやっかいな問題が一つある。寺檀関係が地縁性をもち、かつ一家一旦那寺であれば問題はないが、寺檀関係が散りがかり的であり、旦那寺が遠方にあるような場合は、村方で作成した宗旨人別帳を各寺々へ持参するか、あるいは寺々を村へ呼び集めて、極端なときは村民一人一人について寺檀関係を確認して請印を加えねばならない。寺請が宗旨人別帳と別になされた理由もここにあると思われる。藩としてはこのような状況を何とかしたかったであろうが、寺檀関係そのものを権力的に変更せしめることは容易ではない。加賀藩では貞享三年（一六八六）に「寺替之儀、遠所より引越人など旦那寺遠方故、同宗門へ寺替申義は各別に候、其外子細なくして替候義無用の事」というように、特例として遠方の寺の改檀を認めているけれど、子細なき寺替えは禁じている。けれども、一家寺違いの半檀家的寺檀関係の解消には強い関心を示しており、元禄九年（一六九六）に「養子或は聟に罷越候者は、其家相続之間、養父之宗旨寺に罷成べく候」、同十年には「惣領・せがれ並養子或は聟等之儀、其家継申宗旨寺々堅申付べき事」というように、家の相続と寺檀関係の継承を一致せしめるように布告した。あたかも加賀藩では農民の土地売買を事実上公認した切高仕法をもって藩制確立を企図していた時期と一致しており、藩はその基盤になる小農民の家の確立に強い関心を示し、半檀家の解消、一家一寺制の寺檀関係をおしすすめていたとみることができる。こうして十八世紀に入ると、正徳三年（一七一二）・享保八年（一七二三）・宝暦五年（一七五五）と三回にわたり、「妻子之儀は、父・夫同宗同寺之筈ニ候処、或ハ受法を申立、又ハ祈禱ニ事寄他宗ニ仕候義之れなき筈に候」と令し、一家一寺の寺檀関係は既定の事実であることを宣告している。藩にとっては一家寺違い寺檀関係は宗旨人別帳制度の寺請上からいってもやっかいであったが、それにもまして、これは小農民の家の確立をさまたげるものとして認識されていたのであり、その故に、家相続者の寺檀関係について令して、一家一寺制を進めることにおいて、藩制の基盤たる封建小農の家の確立を企図したのであった。これは寺にとっても、また農民にとっても、望ましいことであり、檀家の確立、家の確立としてこの方向がおしすすめられたから、遠からずして一家寺違い寺檀関係は消滅せしめられたと思われる。

奥能登鳳至地方には、コング参りという風習が今でも残っているそうである。魂供参りという字をあてるそうで、嫁入りした娘が年に一日実家の寺へ参り、実家の先祖へ供養するという意味をもっているという。寺違い寺檀関係が消滅せしめられたのちに残った遺風とみるべきであろう。

寺請体制

本節では、いままでに問題として提示しながら留保してきた点を検討する。その第一は近世における寺とは何かという問題、第二は寺請制度という形で、寺が身分証明をまかされたのはいったいどうしてかという問題である。実は相互に関連するこれらの問題を追求していくとき、いままでみすごされていた幕藩制国家そのものの本質が明らかになってくる。

新寺建立禁止令

寺とは何かという問題を考えるにあたって手がかりとなるのは、一般に新寺建立禁止令といわれている法令である。その初見は元和元年（一六一五）の寺院法度である。すなわち、浄土宗法度には、

一、大小之新寺、私として建立致すべからざること、

とみえ、あるいは大徳寺妙心寺法度に、

一、新院建立之時、綸帳を申降し塔頭披露先規也、然に近年私として寺院号を称する
こと自由之至也、向後停止せしむべきこと、

とあるのがそれである。これらの法度は新しく寺を建立することを禁ずるものというように理解されてきたけれど、正確に読めばそうではない。新しく寺を建立することを禁じたのではなく、「私として建立致すべからず」とか「私として寺院号を称すること自由之至」とかあるように私的に寺を開くことを禁じているものである。そうすると私的に寺を開くことは禁ぜられたにしても、大徳寺妙心寺法度のように朝廷の綸旨をうけ塔頭に披露するという正規の手続をふめば、私的な寺ではないから建立は認められることになる。このことを一般化していけば、朝廷＝公権力（国家）と教団の承認があれば私的な寺ではない公的な寺、官の寺として認められるということになり、そうすれば近世では私寺と官寺の二種の寺があることになろう。

もう少し幕府の寺社政策を追っていくと、寛永八年（一六三一）には、

先年より御法度仰出され候新地之寺造立致され、寺号院号私として付置れ候儀、堅く
御法度之旨候間、自今以後其旨相違有まじく候

という書状が、京都所司代板倉周防守重宗から南禅寺に出されていることが注目される。

ここでは、新地之寺造立は先年よりの禁制であるとされ、私に寺号等を称することを禁じているのであるから、新地之寺＝私の寺号＝新寺という考え方が成立していることが知られる。

諸宗末寺帳

さらにこれと関連して、翌九年から十年にかけて各宗本山に末寺調査を命じ、「諸宗末寺帳」が作成されたのである。有名な寛永末寺帳で、現に内閣文庫に蔵されている。新寺建立を禁じたということは、当然のことながらその時点で新寺でないと認定された寺の台帳がなければならないのであるから、寛永九～十年の諸宗末寺帳成立をまって始めて新寺禁止令は実際的なものになったということである。

ところが、寛永末寺帳を研究した圭室文雄氏によって、㈠浄土真宗の末寺帳がない、㈡天台宗はごく一部しかない、㈢東国にくわしく西国は大雑把である、㈣本寺が末寺を完全に把握していない、㈤形式が不統一である、など、きわめて不完全なものであることが明らかにされた（『江戸幕府の宗教統制』）。従って、寛永末寺帳は、新寺禁止のための既存寺院の台帳としては不充分にしか機能しえなかったといわざるをえなくなり、新寺禁止令は事実上空文であったということになる。このため、近世を通じて再々発布された新寺禁止令も、同様に実効のないものとみなされてきたのである。はたしてそうだろうか。江戸幕府は何の意味もない、実効のない法令をたびたび発布するほど無能な形式的な権力だったとは思われない。

諸藩の寺社改め

幕府による新寺禁止＝既存寺院の確定は、寛永末寺帳において失敗に帰し、以後しばらく幕府によるこうした試みは見られなかったけれど、実は各藩において着々と実施されていたのである。水戸・会津・岡山の三藩が寛文期に寺院整理を断行したことは有名であって、これらは廃仏毀釈の一種であるとみなされてきたが、これらはいずれも新寺禁止令の実施であるとみるべきである。水戸藩では寛文三年（一六六三）に領内全寺社を調査して開基帳を作成したし、会津藩は同四年に寺社縁起集を作っているのであり、寺院整理の前提にはこのような寺社台帳の作成が絶対に必要であったことを示している。

これら三藩は、寺社台帳にもとづいて新寺を整理し破却したことで有名となったのであるが、整理・破却こそ伴わなかったにしろ、こうした寺社調査、台帳作成は、原則的には全国各藩でおこなわれたとみてよい。以下加賀藩のケースをみていこう。承応元年（一六五二）に出された寺社奉行の職務規定のうちに、

諸寺之後住並新寺取立つる儀、私として沙汰致さず、其宗旨之頭寺吟味せしめ、奉行江断り相極候様、申付べき事

とあるから、加賀藩も新寺禁止の方針をとりその吟味は各宗の頭寺にゆだねたのである。だから新寺であるか否かは、各宗の頭寺が認めるかどうかにかかることになったが、さらに明暦二年（一六五六）には寺社改めを実施することを命じ、由緒の明らかな拝領地をもつ寺社と地子地に存するものとを区別した。この寺社改めは、拝領地という、藩領の分配をうけた、その意味では藩の官寺ともいうべき寺社と、それ以外の支配の対象として存立を認められた公認寺院ともいうべきものを確定し、あわせて「承応三年以来之寺庵は、地子屋敷にも指置まじく」というように、承応三年以降の新寺は原則的に存立を否認されたのである。ここで明らかなことは幕藩権力にとって寺とはまずもって寺社改めにおいて寺として認めたものであるということである。

このような準備をへたのち、加賀藩は延宝七年（一六七九）に至って「寺社方所付之惣帳」と呼ばれる寺社台帳を作成した。能登鳳至郡本誓寺に残されているその控は次のようなものである。

延宝七年未

寺庵方本末与合等之帳

御吟味相済御料可被相割事
能州東
本誓寺
一、能州鳳至郡和田村　直参但百姓地罷在申候　専徳寺
一、同郡　走出村　羽咋郡地頭村本光寺末寺百姓地　明慶寺
一、同郡　高根尾村　鳳至郡五十洲村願隆寺末寺百姓地　寂静寺
〆三ヶ寺組合

このようにして公認された寺庵は、その所在地・地目・本末関係を付記され、三〜七ヶ寺ずつ組合として編成され、鳳至郡全体は頭寺本誓寺の触下として統括されることになったのである。そしてこれらの寺庵は、町や村にあっても町方や郡方支配の町人・百姓とは別に、藩寺社奉行の裁許をうけることになる。この台帳作成に先立って、たとえば寛文四年（一六六四）に「御郡方にこれ有る寺坊方・社人・山伏・何ケ寺・何ケ院・何ケ坊これ有候哉、のこらず書記指越申すべく候、右之内、寺社御奉行裁許分と裁許にもれ申分書わけこし申すべく候」というように、寺社奉行裁許分を調査し、寛文十年には改めて新寺禁止令を布達するとともに寺社調査を命じて寺社奉行裁許分を確定しようとしたという準備をへているのである。このことは、寺社奉行裁許寺社＝寺社台帳登録寺社をもって、郡

方・町方、百姓身分・町人身分と区別される。あるいはそのような身分制の枠外にあるものとして、寺社を確定しようとしたことを意味する。こうした寺社は、寺社奉行─触頭─組合という機構によって統制されるが、それは百姓が郡奉行─庄屋─村方三役─五人組、町人が町奉行─町年寄─五人組という機構によって統制されるのと同じである。また寺社奉行裁許下のものが寺社台帳に登録されたように、宗旨人別帳は郡奉行、町奉行裁許下のものを登録したのである。従って近世における寺とは、寺社奉行の裁許下にあり、寺社台帳に登録され、百姓・町人とは区別される特殊身分である、というように、規定することができる。だから、寺へ逃げこんだ泥棒を町方の銭形平次はふみこんで捕えられないのである。

寺請の意味

そこで次に問題となるのは、このような特殊な身分として寺を確定する必要がどうしてあったのか、それがなされたのが寛文～延宝という時期であるのは何故か、という問題に移っていかねばならない。寛文～延宝期（一六六一～八一）はすでに見てきたように、寺檀関係の展開・近世的寺院の広範な成立を基礎にして、寺檀制度＝宗旨人別帳・寺請制度が成立した時期であった。寺請制度が、宗旨人別帳によって確定された百姓・町人の身分を証明するものであるとするなら、その証明者はそれにふさわしい権威をもつものでなければならないし、またそれは、証明される民衆と区別される存在でなければならない。権威をもち、民衆と区別される存在ということであれば、まず第一に想起されるのは武士であろうが、実際には武士がこの権限を行使せず、寺がキリシタンでないことを証明するという形で身分証明を行う寺請制をとったところに、近世の国家＝幕藩制国家というものの大きな特色があった。逆にいえば、幕藩制国家というものは、武士の世俗的権威による支配のみでは成立しえないのであって、宗教的権威がその支配の正当性を保証しなければ、国家として完結体となりえないような性格をもっているということである。封建社会＝封建的思惟の世界は、大智を超えた絶対なるものを前提にしなくてはならない世界であり、これが否定されたとき近代という世界が開ける。織田信長が自己以外に神仏の存在を信じないと宣言して始まった近世であるが、彼自身が絶対者となろうとしたように、そして後継者の秀吉が豊国大明神となり、家康が東照神君となって幕藩制国家の祖神となったように、幕藩制国家は封建国家として、宗教的権威を自己の内にとりこむことなしには成立しえなかったのである。そのとき、一般的に存在している宗教的権威は、一向一揆が石山戦争において打倒され、叡山が焼打ちによって滅亡せしめられたように、世俗的権威によって打倒されたのち、その統制と保護の下に組み入れられる必要があった。その上で、それらは支配される民衆とはちがった身分として、そしてまた、支配階級ともことなる身分として、別のところにおかれねばならない。このような意味で、寺院は幕藩制国家の内で特殊な身分として確定されねばならないのであり、そのために寺社台帳の作成と新寺禁止令によってこれを固定しなければならなかったのである。特殊身分として固定された寺院のうち、特に支配階級の安泰を祈禱する役をもった寺は、その代償に寺領をあたえられるし、それ以外のものは、民衆をして支配に従わせる役をあたえられて、その代償に檀家を付けられる。寺檀制度とはこのような本質をもつものであり、寺請は、このような任務をもった寺が、幕藩制国家の敵であるキリシタンでないことを証明することにおいて、その民衆が、幕藩制国家の支配に従う領民であることを証明するものであった。

宗判権の争い

だから寺はやたらに増やしてはならないことになる。けれども教団の方からいえば寺はどんどん増やすべきものである。民衆の方からいっても、自分たちの菩提寺を造りたいし、道場も寺号を手に入れ寺院化したい。こうして真宗などでどんどん寺号免許がなされるけれど、幕府や藩は新寺禁止令と寺社台帳をたてに、これらを寺として公認しない。こうして、寺号免許をうけて寺となったけれど、幕府や藩の承認をえられず、寺社台帳に登録されない寺院がたくさん出現した。公認されないということは、寺請を発行できないということである。この点から幕藩制国家における寺を規定すれば、寺請を発行できるものを寺といい、寺請は宗判ともいわれるから、寺とは宗判権をもったものということになる。逆にいえば、本山から寺として認められても、幕・藩において宗判権が認められないなら、身分的には百姓や町人であって、寺号をもちながら寺ではないという存在が生まれることになる。

前章で、加賀白山麓の尾添村で惣道場をめぐる争論のあったことをみたが、この争論には宗判権の問題がからんでいた。尾添村の惣道場浄覚寺は、白山麓地域では牛首村の林西寺とともに宗判権を認められた寺であったが、この浄覚寺に代わって尾添村惣百姓が開いた教念寺は、新寺である故に宗判権を認められなかったのである。このため尾添惣百姓は何とかして浄覚寺の名を自分たちの方へとりもどそうとしたことが争論の一つの論点となっている。浄覚寺側の文書に、

白山下十八箇村御天領ニ而、御代官所御役人中より十八箇村ニ而牛首村林西寺、尾添村浄覚寺二箇寺之寺号、新寺号教念寺と改号仕り宗判ニ相認め候儀、不埒不屈之至、本之浄覚寺と宗判相認申すべき旨、急度御役所より仰付られ、浄覚寺と宗判相認め候

とみえている。つまり、浄覚寺名を使えない尾添の百姓が新寺の教念寺名で宗判を行った

ところ、それは認められないから浄覚寺の名で改めて宗判をしなおせというのである。

加賀藩の支藩大聖寺藩で十八世紀末におこった新寺古寺争論という事件もこれであった。大聖寺藩では、宗判権をもつ真宗寺院が東西両派で十三ヶ寺に定められていたのであるが、このほかに、早くから寺号を免許された寺院が十五ヶ寺あり、これらは藩の方針によって領内に限り宗判を発行することを認められ、御国切寺号免許の寺と呼ばれていた。こうしたところに、寛政元年（一七八九）十二月幕府は各宗本山に命じて僧分人別改めの実施を通告し、これにもとづいて大聖寺藩内でも僧分人別帳の作成がなされることになった。このとき大聖寺藩は、「新規ニ寺号免許之儀者、公辺において相成ず」という理由、つまり幕府が新寺を認めないということで、その檀家の宗判は藩内の触頭寺院の宗判を用いるように通告した。これは従来新寺檀家の領外へ出す宗判は、金沢御坊において行っていたのを変更することになったから、新寺十五ヶ寺は藩の通告に反対を表明し、藩の通告に従おうとした触頭を不信任するなどの騒動となったのである。東西両本願寺もこれをすてておけず、再々使僧を派遣して藩と交渉にあたり、結局は従来どおり、新寺の宗判は領内のみ通用、領外へ出すときは金沢御坊宗判を用いることで落着した。実に寛政六年のことであった（『加賀市史史料編第三巻』）。このように、増加する新寺と幕府の新寺禁止令の板ばさみになった藩は、便法として領内のみという条件で新寺を事実上公認していったのである。

国法と寺法

ところで、この争論で新寺側が金沢御坊へ宗判を依頼することにこだわったのは、こうした問題は寺法上の問題であって、国法が介入すべきではないという論理があったからである。宗判権は国法＝世俗法＝幕藩法制の問題であるかもしれないが、どの寺の檀家として扱うかということは寺法＝宗教法＝教団法制上の問題であるというのである。新寺側が藩へ願い出た文書に「寺法を国法より申付られ候而は相漏申候」という文言がみえているのは注目すべきである。あるいはまた、同じ大聖寺藩で、触頭をめぐって争論があったときも、同じような主張がみえている。すなわち、天明八年に西本願寺使僧が下向するにあたって問題がおこり、このときこの地の有力寺院勝光寺と専称寺が、触頭というのは、藩が任命した国法当役をさすだけであって、本山より任じられた寺法触頭というものは存在せず、古寺六ヶ寺が年番でこれを担当していると主張した。そして本山側に対し、「何国ニ而も寺国法一集之儀と申事」は「甚以荒涼之至、珍事」であると批判している。ここでついでにふれておけば、触頭または僧録と呼ばれるものは、往々にして本山の末寺統制機関であるとみなされているけれど、ここにいわれているように、藩がその寺社行政の機関として、寺社奉行に直属して領内寺院に触を流すものとしておいた国法触頭と、本山が一定地域の教団行政機構として任命した寺法触頭とは、前者が国法に根拠をもち、後者が寺法によるという点で、本来別のものである。現実的には、この両者を兼務するものが多いためにあやまっていわれているのである。このように、世俗法とは相対的に自立した宗教法が近世国家内に存在していたのである。序章でみた任誓事件において、任誓自身は俗人であったが故に藩はその信仰の異義性を問題にしえず、任誓派の僧侶に対して教団は国法上の罪について処断できなかったのであり、任誓派三僧がこの点をたくみについて反論したのは、まさにこうした近世国家の法秩序の盲点をつくものであった。従って、特殊身分として一つの秩序体を形成していた教団は、その内部で一種の自治を認められていたのであり、それは、同様に身分内自治たる村落自治や町自治とは一定の共通性をもちながら、宗教的権威をよりどころにする点でことなり、世俗法と対抗する権威をもつものであった。このことは、宗教教団が幕藩制国家の法秩序内にありながら、それから相対的に自立した法秩序をもつものであることを示している。世俗法に対する宗教法の相対的自立性、これこそが実のところ寺請制を成立せしめた根拠であったともいえる。特殊身分として、世俗法から宗判権を認められる存在という点で、国家秩序のうちにありながら、世俗秩序としての身分制の枠外に特殊身分として存在し、それ自体独自の宗教的権威にもとづく秩序体系をもつ存在としての教団であるが故に、その構成メンバーたる寺によってなされる身分証明である寺請が、絶対なものとして権威をもつことになったといえよう。世俗法によって規定されつつこれと相対的に自立する宗教法、この両者を統合しえないことには幕藩制国家は成立しえないのである。

門跡・天皇・将軍

世俗法と宗教法を統合しなければならない幕藩制国家の秩序体系の頂点にあって、これを実現しているものこそ朝廷＝天皇ではなかったか。近世教団は、その独自な秩序体系の権威を門跡に依拠している。門跡とは、本来皇族やその血縁的門閥五摂家出身の僧の住する寺のことであり、ほとんどの教団はこうした門跡寺院を統括者としている。門跡をもたない臨済宗などは、本山住持は勅命によって入寺する制度をとっていたのであるから、事実上朝廷権威の分与である門跡と同じ性格をもつものであった。このように近世教団＝門跡制教団は、かかる意味において朝廷を最終的権威とするものである。寛永五年におこった大徳寺・妙心寺への天皇の紫衣許可権を幕府の監督の下におこうとした、いわゆる紫衣事件は、実にこうした朝廷と教団の結合にくさびをうちこみ、幕府が門跡制を統括することを宣言したものであった。東西両本願寺門跡などが、将軍代替りや、門跡代替わりごとに幕府に出頭して将軍に拝謁するのはこのことを象徴するものでもある。

将軍権威はこのようにみるなら、朝廷＝門跡権威より上位にあるごとくにみえるが、それは権力的にそうなのであって権威上では逆である。将軍といえども、形式的には朝廷よりの将軍宣下をうけて将軍たりうるのである。また将軍権威の根元となった家康への東照神君号は、朝廷より下賜されたものにほかならない。かくして朝廷は、形式上あらゆる権威の最高位に立つものとなるのであり、この権威をもってしないことには門跡制教団を国家秩序に組みこむことができないのであり、それなくしては幕藩制国家の秩序体系としての身分制は、その保証を失ってしまうことになる。

門跡制教団を頂点で国家秩序に結びつけるのが、朝廷であるなら、寺檀関係は国家の最底辺で世俗法の支配下の民衆と結びつき、現実の支配のレベルでは寺請制として結びついているのである。このように幕藩制国家は門跡制教団を包括することなしには成立しえないのであるから、その具体的機能としての寺請は幕藩制国家にとってきわめて重要なものであり、これに支えられた近世国家は寺請制国家ともいうことができる。このような幕藩体制はこれを寺請体制ということもできるのであろう。従って寺請制国家は朝廷を最終的宗教権威とする以上、その国家を象徴するものは神国思想となり、仏教各宗もこれを教義内にとりこまざるをえない。そして神国たる寺請制国家に敵対するものとしてキリシタンが位置づけられるから、そうでないという証明こそ、何よりの良民・領民としての保証であった。ここにも被支配者の身分証明が寺によっておこなわれねばならない理由があった。

第三章　寺請体制の思想原理

仏教復興運動と鈴木正三

正三の仏教治国論

幕藩権力という世俗法の統制下にありながらそれから相対的に自律し、特殊寺社身分を形成して門跡—朝廷をその宗教的権威のよりどころとする寺が、民衆を領民として保証する国家体制を寺請体制という言葉で表現しておいた。本章の課題は、かかる寺請体制形成の思想的準備がどのようなところでいかになされたのかを明らかにすることである。寺請体制は、明確な思想体系によって体系的な成文法で確立されたというよりは、すでにみたようにいくつかの断片的法令やその先駆となった現実の施策のうちから、いわば自然成立のようにして生まれたものであるが、であるからといって、それを準備した思惟がなかったとか、そのようなものを究明することは意味がないということにはならない。

はじめに、一禅僧の次のような言をみておこう。

一日語テ曰、アワレ仏法ニテ、天下ノ仕置ヲ仰付有バ、只畜生一ツヲ以テ治メント思也。……其儀ト云ハ、先ヅ寺方ヱ、寺領地御免アツテ、無役ニ召置ル、事、アツタラ事ナル間、是ニ役儀ヲ申付ベシ。其役ト云ハ、諸檀那ヲヨク進ムベシ。若シ男女ニヨラズ、檀那ノ中ヨリ悪人出デバ、其寺ノ過トシテ、住持法度ニ行フベシト申シ付クベキ也。扨其進メ様ト云ハ、畜生ト人間トノ替ヲ教ユベシ。……住持ハ、檀那、寺ニ参ル毎レ度、構ヘテ畜生ニ成メサル、ナト是計云ベキナリ。亦御坊主ニ、非行悪事アラバ、檀那ノ過トシテ過銭ヲ出スベシト、急度申付ベキ也。……其上ニ亦御公儀ヨリ、寺目付ト云者ヲ付給フ間、非行ニ於テハ、急度法度ニ行ベシト相触、扨右ノ道理ヲ、寺方ヱモ、檀方ヱモ、御公儀ヨリヒシト仰付ラレバ、三宝ノ威光顕レ、国土明ニ而、安楽世界ト成ベキ也。我若ヒ時ヨリ、仏法ヲ以テ国土ヲ治ル事、胸ニ折籠テ居ケルガ……此道理御公儀ヱ申達シ度ク強ク思ヱドモ、時ニ逢ズ。

この文は、無師自証の禅僧鈴木正三（一五七九―一六五八）の言行を記録した『驢按橋』（上百七十二）にみえている。正三は仏法による天下の仕置を申し付けられることを終生の念願とし、寺々に寺領をあたえて、その代わりに民衆教化の役儀を申し付け、檀家と坊主の連帯責任において畜生にあらざる人間の生き方を進めていくことにおいて、太平の世を実現しうるという、仏教治国を考えていたのである。寺領と役儀、その体制による民衆教化、ここに寺請制思想の原理をみるのはそれほど異論のないところであろう。念のため、こうした正三の考え方をもう少しみておくなら、仏弟子は煩悩業苦の心病を治する役人なり（『三宝之徳用』）

願クハ仏弟子ヲ万民ノ悪心ヲ治スル役人ニ被二仰付一、国土ノ功徳ト作給ヘカシト念願シ奉ル者也（『反故集』）

などのように、僧を民衆教化の「役人」として幕府が任命することを念願し、そのためには、

仏曰、仏法は国王大臣有力檀那に付属すと説たまへり。然則ば、公儀御下知なくしては仏法正理なるべからず（『万民徳用』）

というように、公儀が仏法興隆の命をくだしこれを保護しなければならないと考えていたのである。

それでは、鈴木正三とは何ものか、またどういう過程をへてこのような思想に到達したのであろうか。しばらくこれらの問題をみてゆくことによって、織豊—幕藩権力による打撃から立ちなおろうとする近世仏教が、どのような方向を模索し、またそれらのうちから、どうしてこのような仏教治国寺請の思想が生まれたのか、それは近世仏教のうちでどのような位置をもつのか、などの諸点について考えていこう。鈴木正三に関する研究は非常に多く、その伝記史料もかなり豊富であり、『鈴木正三道人全集』一巻にまとめられている。語るべきことは多いけれど、主題に沿ってなるべく簡潔にのべていきたい。

正三の出家

正三は、まだ徳川氏が三河の大名であった天正七年（一五七九）、その麾下の小土豪軍団の一員として三河足助庄に生まれ、関ヶ原の陣・大坂両度の陣に参戦したのち、元和六年（一六二〇）四十二歳で突然出家をとげるという経歴の持ち主である。いわば最後の戦国武人であり、中世の残光が消え去らんとしたときに青年となり、近世という新しい時代の朝がおとずれたときに壮年期に達したのである。その出家は、四十二歳という年齢や、妻をすて、家名断絶をも覚悟して長男を伴ってのものであるという、きわめて異常なものであったから、出家の動機をめぐって、さまざまな見解が出されている。彼自身が、のちに語っているところによれば、「我四十余ノ時、頻リニ世間イヤニ成ケル間……不図剃タリ」（『驢按橋』下十三）というものであったから、まさしく出世間＝出家であったのであろう。だから出家した正三は、

諸方ヲ行脚シ、野山ニ臥、衣食ヲ詰、亦一比ハ律僧ニ成テ身ヲ責、三州千鳥山ニ在テ、律ヲ行ヒタル時分ハ、麦粥麦飯ニテ送リケル。如レ是シケル間、風雨ニ身ヲサラサレ、麤食ニ脾胃瘦レテ病起リ、既ニ大事ニ及ブ（『驢按橋』下十三）

と自ら語っているように、山林に入って木食し、はげしく心身を律する修行をつづけたのである。

それではいったい、正三の出世間―山林修行という生き方は、何によって始められ、何をめざしたものだったのだろうか。自らいうように、出家の決心はフトなされたものであったかもしれないが、そこに至るまでに、正三の内にはこの決心を支える何かが蓄積されていたのであろう。これが出家直後のはげしい山林修行となってあらわれたのである。それを知るためには、出家までの求道の過程をみる必要がある。特に出家までの正三の人生で、彼に重要な影響をあたえた何人かの人物との関係が注目される。正三が徳川氏の関東移封に伴って上総に移り住していたとき、宇都宮の興禅寺で出会った妙心寺派の禅僧、大愚宗築・愚堂東寔・雲居希膺の三人との関係から考えていきたい。

大愚・愚堂・雲居との出会い

天正十二年（一五八四）美濃武儀郡の土豪の子に生まれ、妙心寺に入っていた大愚、天正五年同じく美濃山県郡の伊藤氏の子に生まれ、妙心寺派の僧となり各地を行脚していた愚堂、天正十年土佐一条氏の旧臣の子に生まれ、東福寺で出家し、のち妙心寺に移った雲居、この三僧は、この頃妙心寺にあった他の四僧と盟約を結び、慶長十一年妙心寺を脱して諸国行脚に出た。濃州諸寺、次いで駿河臨済寺に家康の帰依をうけていた鉄山宗鈍をたずね、あるいは仙台覚範寺の虎哉に参じた。こうした途中、宇都宮の興禅寺に、傑僧といわれた物外紹播をたずね、折からここへ参拝していた正三と出会うことになったのである。彼等七僧が、何を求めて行脚していたのかは、あまり明確ではない。正三の伝である『石平道人行業記』（以下『行業記』という）によれば、宇都宮で彼等が語録を学んでいたので、正三はこれを「直下承当を失却して、既に学知解に没す」、つまり知的・観念的理解にすぎないと批判したので、大愚らは「感服改悔し、以て実参を参とし、実悟を悟として励勤精密にせん」こと、つまり、体験的・実践的禅に向かうことを約したという。どうやらこれは、事実は逆かもしれず、正三が彼等からこのように批判されたのではないかとも思うが、ここに示されていることは、正三および妙心寺派三僧の求めた禅であった。従ってまた、妙心寺派三僧が師を求めて行脚したのも、正三が求めていたのも、かかる実践的仏教であったとみるべきである。正三はこうした三僧をみて、「是れ則ち済下の中絶、因て興起する所以ならん」と、彼等によって、中絶状態にある臨済禅が復興されることを感じたという。妙心寺派三僧と正三は、すたれた禅の復興を、実践的禅としてなしとげようとする点で大いに共感するところがあったとしなければならない。事実、この三僧は、のちにそれぞれ方向をことにしたとはいえ、近世妙心寺派を中興したと評価されるのであり、正三もまた、「モハヤ二百年ニ余テ、我朝ノ正法絶果テリ」とか「今時仏法廃果テ、スベテ悪ク成」ったとなげいているから、彼等に共通するものは、禅を復興しなければならないという念願であった。この出会いにおいて近世の仏教復興運動の源流が成立したのである。以来正三は、旗本としてありながら、こうした実践的仏教の復興を志願としたようであり、大坂夏の陣に参戦し、住居を江戸駿河台に移した元和二年には、この頃江戸に南泉寺をかまえた大愚と再会し、ここに「寮舎ヲ構テ久ク居シ」(『驢按橋』下百三十八)というように事実上出家状態になった。大愚は以来正三の師となり、出家にあたっても正三は大愚に法名を乞うたが、「旧名可なり」といわれて、俗名の正三《しげみつ》をそのまま法名としたのである。

万安英種との出会い

この前後、正三はさらに一人の禅僧との出会いをもった。天正十九年(一五九一)、美濃の名族遠山氏の一門で、浪人となった人の子として江戸に生まれ、叔父の住した曹洞宗の江戸起雲寺に入り、その没とともにこれを嗣いでいた万安英種である。この万安の人となりを伝えているのは、彼が総州大応寺の鉄山に参禅していたとき、「今時叢林皆義学ヲ以テ禅トナシ、妄ニ情識ヲ以テト度ス、徒ラニ口鼓ヲ打チ、自ラ了当ト作ス、是豈ニ古人真参実悟ノ謂ナラン哉」と、当時の禅界の衰微を批判したため、鉄山ににくまれ、手で池を掘らされ、「爪甲皆脱スル」という苦行にたえぬいたという話である。万安もまたこの逸話に知られるように、観念的禅を排して、実践的禅の復興を求めていたのであり、正三がわざわざ万安を訪ねたのは、こうした人となりに共感してのことであったと思われる。この会見のあと正三は「是則洞上の中絶、因て興起する所以ならん」と万安を激賞している。

このような正三の出家までの過程をみるとき、その出家は、武士としての勤めをはたし、世間にありながら仏法再興を志願することの限界を知ってのことだったように思われる。出家の前年、大坂城で勤番していた正三は、朋輩の儒者が「仏道ハ世法ニ背ク」と主張したのに対し、仏法は世法に背かぬことを説くため『盲安杖』という一書を著している。だからこの段階まで正三は、世間に身をおきながら仏教復興をなしうると考えていたのであろう。それが翌年「頻リニ世間イヤニ成」って出家したのである。ここには大きな飛躍またはは自己否定が伴っているようであり、あるいは、元和六年には正三をして世間をいやにならしめる何かがあったのかもしれない。

雪窓らとの盟約

出家した正三は、先述のようにはげしい山林修行の実践に入ったのであるが、その前に大和の法隆寺へ出かけている。このとき、のちに長崎で排キリシタン説法を行い『対治邪執論』を著して有名になる、やはり妙心寺派の僧で、豊後臼杵の人である雪窓宗崔と同行していることが注目される。雪窓は元和二年に江戸に出て、大愚らと交わり、「方ニ今、剃髪染衣ノ者域中ニ満ツト雖ドモ、一箇モ皮下ニ血有ル底ノ漢ナシ、専ラ外学ニ耽り、属文ヲ誦記シ、活套子語ヲ以テ究意ト為シ、自己脚跟下生死大事ニ於テ溟涬然トシテ言之ニ及ブ者ナシ」と、禅界を批判し、「今日ヨリ去テ直ニ須ク二六時中孜々トシテ精進シテ更に余好ナク、若シ疑団ヲ破ラズンバ休マジ」という盟約を交わしたという。出家して大愚の門にあったと思われる正三もこれに加わり、また愚堂も加わったというから、その出府の知られる元和七年のことらしい。かくみれば、正三の出家から山林修行への展開には、大愚・雪窓・愚堂との仏教復興の盟約が大きな意味をもってくる。雪窓はこのあと那須の雲巌寺の山林にかくれ、大愚は南泉寺を出て三河・江州の山林に入った。これとは別行動らしいが、万安もこの頃起雲寺での門を閉ざしての打坐ののち、相州の山に入り次いで美濃の水晶山に移る。仏教復興を志したこれら禅僧たちが、一斉に山に入ったのである。正三もその一人であった。

賢俊良永と舜統院真超

しかし正三の山林修行には、もう一つの要因が加わった。雪窓とともに法隆寺に学んだとき、ここで一人の律僧に出会った。その昔俊乗坊重源が開いた高野山新別所を再興し、そのひそみに習い、病者には薬を、飢者には食をという作善業をつづけ、真言律の復興を願っていた賢俊良永である。正三は雪窓と共に彼から沙弥戒を授けられる。正三が自らのちに語ったように、その山林修行は、この沙弥戒の実践でもあった。それもさることながら、ここに正三を媒介に、妙心寺派の禅の復興運動と、真言律復興運動が結びついたことは注目しておいてよい。正三の禅は、これによって禅と戒律の双修の性格をもち、これとは別に念仏にも深い関心をもっていたから、正三の仏教は、禅・念仏・戒律を合わせたものとなる。実のところ、近世仏教の中核となったのは、この三つであった。近世における禅と念仏の隆盛はいうまでもないことであるが、近世中期におこった天台宗における慈山・光謙による安楽律、真言宗慈雲の十善戒、あるいは日蓮宗元政の艸山律などの、いわゆる戒律復興といわれる現象にこのことが知られよう。その先駆となった賢俊は、中国へ渡って律を学ぼうとした明忍俊正やその同志慧雲などと交渉をもっていたから、正三と賢俊という個人的交渉には終わらず、禅と戒律の復興運動が結合したという意味をもつものであった。

なお正三の周辺の人物として注意しておくべきは、もと日蓮宗に属し、これを改めて天台宗に転じた舜統院真超との交渉である。正三の伝では、寛永八年に正三を訪ねて法談をかわしたとみえるだけで、真超の伝にも正三との関係はみえていないので、その交渉の詳細は不明ながら、真超もまた、戒律復興に関心の深かった人物であった。中世叡山の僧の著である『行者用心集』を読んで、その内にみえている笠置の解脱上人が戒を重視した逸話に心をひかれ、念仏とともに戒律こそ往生の要義であることを悟り、この方向で天台宗の復興をめざしたのである。だから、正三と天台僧真超との交渉はやはりこうした禅・念仏・戒律の結合をめざしたものであったとみてよい。

禅・念・戒の重修

かくみるなら、近世初頭には禅・念仏・戒律を結びつける仏教復興の大きな潮流があり、中世仏教の特色である念仏や題目の一向専修性に対して、禅・念仏・戒律の重修という方向へ流れていたとみてよい。中世仏教の一向専修が、権門体制といわれる中世国家の二重構造に対する克服の論理であり、本地垂迹思想と対決するものであった（黒田俊雄『中世の国家と宗教』）のなら、かかる近世仏教の重修性とはいったい何なのか、こういう問いがおこらざるをえない。これにくわしく答えるだけの用意はないが、幕藩制国家が、朝廷＝門跡制教団という内部に多元化した権威をもつ体系と、幕府＝諸藩、士農工商の四身分というこれも多様な価値体系を含む体制の、より高次な統一体であり、それを支える近世民衆が、個として自立しつつも、それが家・村落という共同体をぬきにしては自立しえないという限界、つまりは価値の多元性をもつというような、このような状況に対応して、近世仏教は、種々の宗教的実践の重修性を特色として形成されたのではなかろうか。従ってそれは、一向専修が克服の論理であったのとは反対に、対応の論理でしかありえなかったともいえる。ただしその内でも、民衆の共同体的性格や、統一体としての国家という普遍性に、念仏における弥陀の下での平等の救済、念仏による一味の平等という普遍性が対応し、一方戒律は、そのような普遍性のうちにありながら、個として自律しようとする民衆の思惟の反映であるかもしれない。そして禅は、このような普遍性と自律性を、矛盾のままに非合理的に止揚し、統一するものであったように思う。この問題は次章以下に再論しよう。

仏教復興運動の変質

愚堂と朝幕関係

さて、正三は律僧賢俊や天台僧真超などと交わりを結んで、その仏教復興運動を大きく広げていく一方、郷里の石平山に庵を結んで住し、依然として山林修行的あり方をつづけていた。ところが、盟友の妙心寺派の僧たちは、しだいにこうした行き方を変えていった。

愚堂は寛永五年妙心寺に入るに及んで、彼が再建した聖沢派の祖東陽英朝の寺である美濃大仙寺の檀越で、尾張家の臣稲葉方通の外護をうけ、その手引きによって江戸城大奥の春日局の寄進をうけて東陽英朝の『宗門正統録』を刊行した。寛永期に入ると愚堂はこのように、その派祖に仏教復興の原点を見出し、その遺跡や典籍を再び世に出すことによって、興隆をはかる方向をとった。このためには必然的に外護者と結ばざるをえなくなったのである。やがて、膳所城主石川忠総や豊前竜王の松平重通などがその外護者となってくる。その上、愚堂の嗣法となった一絲文守が、早くから後水尾上皇の信任をうけていたから、寛永十三年には御所にまねかれ、参内して後水尾上皇に法を説き、以来三度にわたるほどの信任をえた。こうして、愚堂は、朝幕両方に関係をもつことによって仏教復興を実現する方向にむかい、正三らの路線とは途を別つことになる。外護者によって物的基礎をかため、後水尾上皇に信任をえて朝廷の権威の下で門跡制教団の形成につとめ、譜代大名や春日局を通じて幕府と交渉をもつ、という愚堂の行き方は、幕藩制国家形成途上で、朝幕関係を融和せんとする動きにのったものであった。愚堂の思想自体から寺請体制の思想を抽出するのはむずかしいにしても、ここに、仏教復興運動が現実の秩序形成にかかわったとき、幕藩制国家の仏教の一つのあり方を示すことになった。沢庵宗彭が紫衣事件ののち家光の信任をうけ、幕府の側に立って大徳寺教団を再建せんとしたのと表裏一体をなす関係にあるといってよい。

雲居と大愚

また早くからの親豊臣的言動があり、元和の役に、大坂城の塙団右衛門直之に甲冑をとどけたりして幕府ににらまれていた雲居は、旧豊臣系の若狭小浜の京極忠高や、伊予松山の加藤嘉明など外様大名の外護をうけていた。元和七年の大愚・正三・雪窓らの山林修行の盟約にも加わることなく、外護者による仏教復興路線をとっていたのである。一方大愚は、一人山林修行や行脚をつづけ、紫衣事件の前後には沢庵宗彭と行を共にして権勢に近づくことがなかった。寛永五年頃には、転封によって会津に移った加藤氏の下にあった雲居を訪ねた。このとき大愚が、外護者べったりの雲居をみて批判を加えたことを正三は次のように記している。

参会ノ度ゴトニ、雲居和尚ヲ、御堂坊〳〵ト喚給。雲居和尚、狂言モ一日社ト云ヲ、大ニ嗔給。大愚和尚云、イヤ狂言ニ非ズ。堂坊ト云ハレ度モ無ンバ、仏道修行シ給へ。或ハ儒書ヲ講ジ、詩ヲ作、歌ヲ読、俗家ニ頭ヲカシゲ廻ルハ、堂坊ニ非ズヤト云給へバ、雲居和尚、大ニ非ヲ知、終ニ道ニ入給フ。(『驢按橋』下百四十八)

雲居のあり方は仏教再興ではもはやなく、外護者の機嫌とりのゴマスリ坊主にすぎないから、これを「堂坊」と呼んだというのである。この批判が雲居に痛烈にひびいたためか、やがてここを去って摂津勝尾寺に一雲水となってかくれ、厳しく心身を律することにつとめた。仙台の伊達政宗がこれを知り、松島瑞巌寺に招いたがついにその生前にはここへ入らず、没後嗣子忠宗の再三の招きによって瑞巌寺に入ることになった。そのとき雲水姿で入寺してその決意を示し、入寺後も厳格な禅風を守ったという。外護者、つまり大檀家に依存する仏教である以上、堂坊といわれるか、さもなければ、その徳風でもって外護者からの自律性を確保しなければならない。雲居の外護者への対応は、この外護者仏教、つまりは寺檀制下の仏教者のあり方の両極端を身をもって示すものであった。

一方、雲居を厳しく批判した大愚は、一時冤罪で妙心寺を追われたが、やがて許されて妙心寺に住した。寛永十三年、後水尾上皇から召されたけれど「我ハ野僧也、尊前ニ出ル者ニ非ス」と辞退したので、上皇は「大愚仏法ヲ誇ル」と批判した。これに対して大愚は「上皇深信有ルニ非ズ」といいはなって、ついに参内しなかった。この態度は晩年においてもつらぬかれ、明暦三年に越前の松平光通の帰依をうけて大安寺を与えられたが、ここに定住することなく、自ら再興した播州法幢寺と一年交替に往復して堂坊化することをさけた。また光通から『碧巌録』を講ずることを求められても「恐クハ会セズ」と拒否し、再三の求めに止むをえず、ただ一言「廓然無聖」と説き、あっけにとられる光通を、それみたことかとばかりつきはなしてしまった。雲居とともに、外護はうけれど堂坊たらず、という態度をつらぬいたのである。これが寺檀制仏教における、せいぜいのところ自律性を保持する途であった。

万安と正三

このように、正三のかつての盟友たちは、それぞれ差はあるにしても、共に寺檀制仏教のうちに自ら入りこみ、その枠内での自律性の保持を企図したのであった。仏教復興が個人のうちに理念としてあり、それをめざして自らからをきたえる内はよいにしても、仏教復興を現実の秩序のうちでなしとげようとすると、このような方向をとらざるをえなかったのである。ところが彼等には外護者との間における自律保持という問題意識はあっても、幕藩制国家のうちでの仏教の位置づけというような視点はどうも見出しがたい。ただ一人、正三の山林修行的あり方と行を共にし、外護者をよせつけなかったのが万安であったが彼においてはどうであろうか。相州にあったときは、久能城主北条出羽守氏重から招きをうけたが辞退し、美濃水晶山にかくれると、岩村城主松平和泉守乗寿の招きをうけた。これも辞退した万安は、ついに丹波亀岡に廃寺となっていた東福寺派の禅寺瑞巌寺をみつけてここに入り、復旧につとめた。ここでは外護者がいたことは知られていない。かかる万安も、最後には外護者に迎えられて寺に入る。淀城主永井尚政は、その領内の宇治に、その昔道元が最初に開いた深草興聖寺の再建を企図し、これに万安を招いたのである。曹洞の祖師道元の旧跡の復興は、万安にとって一つの念願であったのであろう。ついにこれをうけることになる。慶安元年のことであった。ここに住した万安は、この寺に道元の禅を復興せんとつとめ、さらには折からおこった宗内の法系問題の解決のため、江戸に出て幕府と交渉にあたったのである。万安のかかる立場はやがて十七世紀の末卍山・面山による宗統復興運動として結実する。このような万安にも現実の秩序に対する考え方はどうやら見出すことはできないようである。

しかし、大愚のあり方とともに、万安の生き方は正三の山林修行的あり方を支えつづけた。水晶山や瑞巌寺を訪ねているのはその証である。寛永五年および八年（または十二年）の二度にわたり、正三は、盟友たちのあいつぐ山林修行放棄、外護者への接近によって動揺をきたしていたときに万安を訪ねている。万安からは、「須く姥婦にかたるに同じうして談吐すべし」（『行業記』）というように教えられ、また民衆教化のための著述をすすめられて『麓草分』や『二人比丘尼』・『念仏双紙』を著した。正三はこのすすめによって山林修行から進んで民衆教化に向かうのであり、大きな転換点を迎えることになる。

正三の転換

寛永九年、大御所秀忠が没し、家光時代が始まった。家光は秀忠の遺金を諸士に恩賜した。正三の弟で上方代官などを歴任した旗本鈴木三郎九郎重成も、その賜金をうけた一人であったが、重成はこれを兄正三に施入し、正三は、これをもってその住する庵室を恩真寺と改め、本尊の観音像の左右に家康と秀忠の位牌を安置した。弟子恵中の記するところの『石平道人四相』によると、これは「君恩を報じ奉る事を誓ひ、因に此に於て四衆を開化して専一に弁道せん」とする意図に出たものであったという。このことは、民衆教化を志しつつも、その基軸に何をもってするかを明確にしえなかった正三が、君恩を報ずることにその基軸を見出し、山林修行から一転し、民衆教化の拠点として寺院を開くことに踏み出したことを意味している。あるいはこれにおいて、出家によって捨てた世間、実は幕藩制の秩序との接点を回復し、これを報君恩の一点を軸として再確認したことをも意味する。正三の思想がここで大きく転換したといってよい。

寛永十四・五年の島原の乱は、正三の転換をさらにおし進める契機となった。実弟重成はこの乱に鉄砲隊長として従軍したが、やがて乱後の天草に代官として派遣される。人口の半ばを失い、荒廃した天草復興が重成に課せられた使命であったが、諸藩からの移民を迎え、村落行政組織を確立せしめたあと、民心安定が大きな課題となったとき、重成は正三をここに迎える。寛永十九年天草に渡った正三は、重成に「仏宇を造って正法を弘めば、則ち治教休明ならん」（『行業記』）と献策し、寺領三百石を幕府に乞うた。正三はさらに、寺々の中心として、将軍家の香華宗である浄土宗の寺を開き、そこには家康・秀忠の位牌を安置し、代官重成自らがこれに参拝し、また各寺には、自ら著した『破幾利支丹』一冊をおさめることを重成にすすめ、三ヶ年在島して去った。重成はこの策を入れ、長崎で排耶に活躍していた曹洞僧一庭融頓や、正三の法友中華桂法らを迎えて寺を開き、寺領を分かったのである。

正三は、自ら天草に寺を開くことこそしなかったけれど、重成への献策は、冒頭に紹介したような、寺に寺領をあたえ、民衆教化をその役とするという僧侶役人論による仏教治国策の実験にほかならない。しかもその民衆教化は、中心に家康・秀忠の位牌を安置することによって幕藩体制と結合し、その敵であるキリシタンを破することであった。寺領を与えられ、代官によって開かれた国家公認の寺が、キリシタンにあらざることを証明する寺請の役を担当し、もって領民たることを保証する寺請の思想の原型とその具体的構想が、天草において実験されたのである。

職分仏行役人説

正三が天草でこの構想を自ら実験することなく弟重成にゆだねてここを去り、さらに江戸へ出たことは、幕府へ献策することによって、全国的にこの構想を実現せんと企図したためであった。慶安元年に出府したのち、同三年には、寛永八年に著した『四民日用』に「三宝徳用」・「修行之念願」の二章を追加して『万民徳用』と命名し、最後の著述であると宣言したことは、幕府に献策するにあたって、自分の思想を整理したことにほかならない。この『四民日用』は、正三をして有名ならしめた職分仏行説を内容とするものである。

農業則仏行なり。意得悪時は賤業也。信心堅固なる時は、菩薩の行なり。……煩悩の叢茂此身心を敵となし、すきかへし、かり取と、心を着てひた責に責て耕作すへし。……三宝を供養し、神明を祭て、国土万民、世を持事、唯是農夫の徳なり。……夫農人と生を受事は天より授給る世界養育の役人なり。去ば此身を一筋に天道に任奉り、かりにも身の為を思はずして、正天道の奉公に農業をなし、五穀を作出して仏陀神明を祭、万民の命をたすけ、虫類等に到迄施べしとの大誓願をなして、一鍬一鍬に、南無阿弥陀仏、なむあみだ仏と唱へ、一鎌一鎌に住して、他念なく農業をなさんには、田畑も清浄の地となり、五穀も清浄の食と成て、食する人、煩悩を消滅するの薬となるべし。

農工商と、民衆の最上位に位置づけられながら、一方で賤しき業とさげすまされた農業を、心のもち方において煩悩をかりとる仏行となるとし、この農業に従う民は、天が授けた世界養育の役人であるから、農業そのものは清浄の業であり、天への報恩にほかならない、と正三はいう。心のもち方によって職分は全て仏行となるという点に注目して、職分仏行説という名で呼ばれてきたけれど、それが役人であるという点に注目しなければならない。ここに正三の思想の特色があるからであって、職分役人説という方がより正しい。農業ばかりでなく、職人も商人も同じであって、職人日用の項では次のようにいわれている。

一切の所作、皆以世界のためとなる事を以しるべし。……本覚真如の一仏、百億分身して世界を利益したまふなり。鍛治番匠をはじめて、諸職人なくしては、世界の用所調べからず。武士なくして世治べからず。農人なくして世界の食物あるべからず、商人なくして世界の自由成べからず。……其品々、限なく出て、世の為となるといへども、唯是一仏の徳用なり。

ここでは先の天道に代わって仏の分身として職分があげられ、特に「役人」という言葉は使われていないけれど、あらゆる職分は世のため、世を利益するためと規定されており、農民を世界養育の役人とした意味と同義であるとみてよい。次の商人日用では改めてまた、此売買の作業は、国中の自由をなさしむべき役人に、天道よりあたへたまふ所也といっていることからも、それらは同義とみなしてよい。

職分仏行役人説は、このように寛永八年頃から表明され始め、やがて僧侶も民衆教化の役人であるという考え方に到る。冒頭に示した「仏弟子は煩悩業苦を治する役人」という文句は、この寛永八年の『四民日用』を増補した「三宝之徳用」章にあらわれているのであり、そのような僧侶の役人化は「公儀の御下知」なくしてはありえないというのが同じ慶安五年増補の「修業之念願」の章であった。ここに、寛永八年に始まった正三の仏教治国策は天草の実験をへて公儀の下知による僧侶役人化策、つまりは寺請制の思想の原型として成立したのである。

破キリシタン

寺請の制度は、民衆がキリシタンにあらざることを証明する形式をとっていることに知られるように、その思想もまたキリシタンの敵性をあきらかにしなければならない。正三の寺請制思想が、天草のキリシタン教化・防禦を一つの契機として成立したことは、この意味からいっても注意しなければならない。天草の寺々に置かれたという正三の『破吉利支丹』の第三条で、夫、日本は神国也、神国に生を得て、神明を崇め奉らざらんは、非儀の至りなり。和光同塵は結縁の始、八相成道は、利物の終りと云へり。然ば、先、神と現じ、此国に跡を垂給ふ事は、人の心をやはらげ、真の道に入給はん為の方便なり。神と云、仏と云は、唯是水波の隔也。本覚真如の一仏化現して、人の心に応じて済度し給ふ。去ば神を敬ひ奉る心も、彼一仏に報ひ奉るなり。

というように、神国思想と本地垂迹説を説き、「本覚真如の一仏」の化現、分身として神々への帰依を説く。世界の原理としての「本覚真如の一仏」、その分身としての神々という神観念は、職分論においてもあらわれており、諸職分の一つ一つは「本覚真如の一仏」の分身である故に仏行とされたことはすでにみた。つまり天上界の神仏の秩序は同時に地上界の秩序体系でもあった。だからここでも、前掲の文につづいて、

喩ば、国王を敬ひ奉るには、臣下大臣を始其次第〱物頭役人百姓等は、代官下代までを敬ふ事、定れる法也。是皆、上一人を貴び奉るの儀なり。きりしたんの教の如きは、上一人を貴び奉る人、其下を用ひざるを正理と云にあらずや。かやうの非儀をよしとせんや

というように、現実秩序による上位者への尊敬が、究極には「上一人」、つまり天皇を貴ぶことになるといい、キリシタンはこれに反する故に邪法であるというのである。

従って、ここで天皇は本覚真如の一仏の分身として、現実世界に化現した神に比定されることになり、その国は神国となる。一方、職分論においては、この本覚真如の一仏分身論とともに、天道の命が強調されていた。しからば、正三のいう「本覚真如の一仏」と「天道」はどんな関係にあるのか、「本覚真如の一仏」が百億分身して諸職分を作ったのに対し、天道は人々に職分を命ずるものであるから、前者はどうやら根本原理であり、後者はその意を体して命を下す人格神のようである。前者は「徳」であり「体」であり、後者は「用」である。キリシタンの神は「天地万物の作者なり」というが、それなら「我作り出したる国々を脇仏にとられ」たということは不審で、「大きなる油断なり。正しく此でうすは、たはけ仏也」と正三はいう。所詮は「彼等、幾度来るとも、天道のあらん限りは、皆々自滅せん事、疑ひなし」ということになる。天道は絶対原理たる本覚真如の一仏の「用」としての神であるから、それを天皇または朝廷とすることにもなり、キリシタンは天皇によって自滅せしめられるべきものである。キリシタンはまず神敵であり、朝廷の敵であり、神国の敵である。神の根源としての仏、朝廷を支えるものとしての幕府、それらの統合としての日本国は仏教によって支えられねばならない。正三が朝廷ではなく、幕府に仏教治国を献策せんとしたのは、現実の統治者であるということのほかに、かかる考え方があったと思われる。そしてこの思想こそ、キリシタンを敵として寺請制が形成される根拠となったとみなしえるのである。寺請制度の成立が、キリシタンのほぼ圧伏せしめられた寛文期においてなされるのはどうしてか、という疑問は、この時期が幕藩制国家が確立する上での重要な時であり、その思想原理の確立が、キリシタンという仮想敵を設定することにおいてなされた、と一応答えることができそうである。

慶長元和期に、仏教復興を念願として修行を始めた一群の僧たちは、あるものは朝廷に接近し、あるものは大名の外護をうけ、あるものは一定の自律性を保持しつつ外護者の力によって寺院を再興する、またずっと民間にあって教化をつづけるもの、など、種々のあり方に分裂した。それは、仏教復興が、自分一人の悟りに終わらず、世間と接し、その内になされねばならないものである以上、世間への対応の段階でさまざまに分岐するものも当然であった。けれどもそれらには、現実対応についての思惟を明確化したものは少ない。このうちで正三は、あえてこれを追求し、破キリシタン―仏教治国―僧侶役人論という型で国政への参加を打ち出したのである。ここに正三の思想の特異性がある。

仏教復興運動と幕閣

献策の執念

鈴木正三の、寺院僧侶を役人とし民衆教化にあたらせることによる仏教治国策は、彼の念願した仏教復興思想の到達点であり、それは幕府の下知によって成就するものであった。だから正三は、ただこれを構想するだけでなく、幕閣要路者に献策し、実現せしめなければならなかったのである。正三がこのように考えていたことは、その伝記史料や言行録に多く見出せる。煩雑であるが列挙しておこう。『行業記』の承応三年の条に、

又夜話に、衆に謂て曰く、仏仏祖祖、血涙を流出し、修得証得して、大法を遐代に伝ふ。今や荒廃極んぬ。嗚乎上より、諸宗同く成仏の為にして、当に勤修すべき所以の憲令下る時んば、海内の諸僧、悉く正法に復帰せん事必せり。然らば則ち衆生の成仏国家の治本なる事を。我苟も訟を慮る。然りと雖も、まだその縁に遇はず。仏祖の恩を報ずるに由なくして、空く茲に嗟くのみ。汝がともがら之を思へやと。

とあって、幕府への献策が、その死の三年前においても機会にめぐまれず、実現しえていないことをなげいている。また同じく、その没する直前の明暦元年の条では、

又馬場氏至る。僧、師に白す。師曰く、時まさに至れり、人に値ふに由なし。而れども某に於ては、托する事有りと、乃ち納る。師曰く、正法の復興、嘗て公に説くが如し、転じて執政に達し玉へと、氏敬諾す。

とあって、すでに死期を察して人に会うことをさけていたが、馬場氏某のみは、とくに仏教復興を執政に達することを託するために面会を許しているのである。右のように死の直前までこの献策に執念をもやしていたのであるが、その様相は、語録の『驢按橋』のうちにも随所にみえている。二・三示しておくと、

夜話曰、我仏法興隆ノ御政道、御公儀へ訴ヱ奉リ度思ヱドモ、未ダ天道ニ不許……仏法正理ナルヤウニ御下知仰ギ奉ルト、指出〳〵御訴訟申上度大願也（上九）

二王心ヲ以テ六賊煩悩ヲ防グ則ンバ、自ラ本心ハソダツ也……此仏像ノ道理計ハ是非ニ御公儀ヱ申上度思也。云ル、物ナラバ幽霊ニ成テナリトモ云度思ト也（上七十二）

去暁、不図衆中ニ向テ曰、我口惜ク思事有、刀ニハ本阿弥有テ、似本銘ヲ分チ、価ヲ付、毛筆モ源有テ、似正筆ヲ分ツ。諸道皆如是ナル間、廃レズ。是御下知正キ故也。然ニ仏法計源ナク、目利スル人無故ニ人人私仏法計ニテ、廃果ル事、全身口惜ク思也。是偏ニ仏法計御捨有テ人人有度儘ニ有セ給故也。此段是非トモ御訴訟申上ント思フ事、胸ヲ破テ出ホド思ヱドモ、終ニ天道ニ許レズ。（下百二十三）

のようにみえており、幽霊になっても、胸を破って出るほど、献策に執念をもやしていたのである。

松平乗寿と馬場利重

それでは正三はいかなる手段でこの献策を実現しようとしていたのであろうか。もと幕臣であった正三は、その縁故につながる人々や、あるいはさまざまな形で法縁を結んだ幕府要路者を通じてこれを実現しようとしたのである。そこで注意しなければならないのは先に引用した『驢按橋』の下百二十三で「私仏法」になったのは、幕府が仏法を捨ておかれた故であることを「胸ヲ破テ……」も献策したいとのべた次に、以下のような文が続くことである。

当君ノ御十五ニ成給バ、御仕置遊レンズカ、御二十ナラバ直目安ガツカレンズカ。乍去モ早ヤ我命ツマレリト也。亦曰、何ト御老中ノ広間迄、仏像ヲ持出、仏法ハ、マヅカクノ次第也ト云ンカ抔ト思ヘドモ、是モ便ヲ得ズ、只打腐テ果ル也。

すなわち正三は、寛永十八年に生まれ、慶安四年十一歳で将軍職を嗣いだ家綱に大きな期待をかけていたことがわかる。このことは、同じく『驢按橋』で家綱の誕生を知って次のようにその将来に期待をかけたことからも知ることができる。

扨モ目出度御事哉、先寅卯辰巳トツヽキ給。是ハ如何ナル聖人ノ出世有カ。扨広大ナル徳ヲ持来給大将軍哉ト、不レ憚申奏ケレバ、左右ノ人人驚テ、故ヲ問。我言ハ、サレバ近年公方様御不例ニ付テ、御普代衆ヲ始メ諸国ノ大名、其下下ニ至迄、心更ニサダカナラズ。端国老迄モ物ヲ待心ニテ、万民安カラザルニ、ヤレ御誕生ヨト云ト、天下モヒシ／＼ト収テ、忽チ人ノ心穏カニ成也。是ウブ声ニテ天下ヲ治給ニ非ズヤ。

この正三自身の言葉からは、家綱にどうしてそれだけ期待をかけたのかは、あまりはっきりしない。ただ、ここにいわれているような家光晩年の治世が、島原の乱、寛永大飢饉とつづくなかで、「下下ニ至迄、心更ニサダカナラズ」何となく不安であったことは事実であった。慶安四年の家綱就任直後の世相について『徳川実紀』にも次のようにみえている。

去りし寛永のころ御事ありし時は、府内所々火災はげしく、何となくさわがしかりしに、このたびはこれに引かへ静謐なる事、代々をかさねて、大平の徳化のいたす所といへども、輔世の諸老臣よく処置を得たる故ぞと伝へける。

このように、家綱は、まだ十一歳の少年将軍でありながら、何となく期待されていたのであり、正三の期待もこうした世相の反映であったかもしれないが、それだけではなく、もっと大きな理由があった。右の『徳川実紀』にいうところの「輔世の諸老臣」のうち、正三と関係の深い人物が一人あり、家綱への期待というよりは、彼を通じての献策の可能性に正三は期待していたと思われる。『驢按橋』では、正三が家綱の将来を予言した文につづいて、

其後当地ニ罷下シ時、松平和泉殿ヱ、角占奉ト申ケレバ、和泉殿モ、扨扨機ガ付ナンダト肝ヲ化シ給。其後、亦彼ニ至ケレバ、和泉殿曰、此程夜咄ノ次デニ、去道心者ガ若君ノ御事、加様ニ占ヒ奉ルト御前ヱ申上ケレバ、公方様殊ノ外御機嫌好御座ナサレシト語給ト也。良有日、是ニ付テモ我命が惜ク成タリ。此君ノ仏法ヲ御建立遊ルルヲ見テ死度ト也。

とのべており、松平和泉なる人物を通じて家綱の将来の予言が家光に伝えられたことが知られる。この松平和泉こそ正三が期待した人物であった。

松平和泉とは、正保元年から家綱の守役となり、将軍就任後の慶安四年に老中となった松平和泉守乗寿のことである。もともと徳川氏と同族の十八松平の一で、正三の郷里足助からさほど遠からぬ大給を本拠とし、乗寿の父家乗は、天正十八年の関東移封とともに上野那波郡で一万石の大名となった家柄である。慶長六年には美濃岩村城に入って二万石となったが、この岩村城から尾根つづきの水晶山は、正三の盟友万安が隠れたところである。慶長十九年、父を嗣いで岩村城主となっていた乗寿は、このとき万安を招じて辞退されて

いるが、正三もここに万安を訪ねており、どうやら水晶山の万安を介して、このとき正三は乗寿と親交をもったと考えられる。というのは、そのしばらく後の寛永九年に正三が著した『念仏双紙』は「松平和泉殿御袋ノ所望ニ仍テ」（『驢按橋』）書かれたものであるから、松平乗寿との関係の始まりはこれ以前に求められねばならないのである。

幼なくして将軍となった家綱の幕閣には、家光時代の宿老酒井忠勝・松平信綱・阿部忠秋らがキラ星のごとく並んでいたが、ここに家綱側近として始めて加わったのが松平乗寿であり、承応二年には久世広之・内藤忠清・土屋数直らが御側衆に任ぜられると、乗寿はこうした若い側近を率いて家綱治世の中心となる位置に立ったのである。ここに正三は、いよいよ念願実現の期待を大きくしたのであったが、まさに「天道ニ許サレ」なかったのであろうか、その翌年正月、乗寿は五十一歳で病没したのである。正三の無念さを思うべきである。

死の直前に正三が、幕閣への献策を馬場某に托したことは前にみた。正三関係史料に、この馬場氏が誰であるかを示すものはないが、どうやらもと長崎奉行をつとめた馬場三郎左衛門利重ではないかと思う。彼は、父昌次が領した美濃の土岐・可児・恵那三郡の千六百石を継いで土岐郡釜戸に知行所をおいた旗本で、秀忠の書院番から御使番にすすみ、家光時代にもその役にあって、寛永十年の堀尾家の改易に松江城収公使に加わった。このとき上使をつとめたのが松平乗寿であったから、両者の間には何らかの親交があったとも考えられる。十三年には長崎に下って異国往来禁止令の布告を担当、島原の乱には板倉重昌麾下で参戦、乱後の十五年十一月長崎奉行となり、承応二年までこの役にあった。正三と直接関係のあったことは知られないが、やがて天草へ下ったとき正三は、乗寿を介して長崎奉行馬場利重と会見したのではないかと思う。それは、正三が天草を去るにあたって後事を託した一庭融頓は、利重の親任をうけて長崎で排耶活動にあたっていた曹洞僧であったからである。こうした関係から、承応二年に退任帰府した利重は、正三と親交を結んでいたと思われる。けれども、すでに退任した利重は、幕閣への働きかけをなすだけの力はなく、また正三の期待もむなしく、二年おくれて明暦三年に死んだ。

板倉重宗と正三

かくみれば、正三はついにその念願を達することなく死んだのであり、正三の仏法による治国、寺請制の思想も、直接には幕閣をうごかすに至らず、むなしく在野の思想にとどまったかに見える。たしかに正三は、その思想を自ら幕閣へ献策することはできなかったのであるけれど、詳細にその周辺をさぐっていくとき、正三と万安の二人の仏教復興をかかげた禅僧のまわりには、のちに寛文期の幕閣を形成する有力者の名が次々にうかんでくる。それを明らかにして、正三や万安の考えが、何ほどか寛文期の幕府宗教政策へ反映したのではないかと考えたい。

その中心となったのは、京都所司代として名声を馳せた板倉重宗である。重宗と正三の関係を示すものは『驢按橋』（下四十二）のなかに、正三が板倉周防守を見舞い、京都の町の迷い子の処置について問答をかわした結果、重宗は「正三ノ様ナル人ヲ所々に多置申度」とのべたとみえるだけである。正三はどうして重宗を見舞ったのであろうか。調べてみると何と正三と重宗は従兄弟ぐらいの間柄であったようである。すなわち、正三の母は今川家の旧臣粟生筑前守永旨の娘であり、重宗の母も、粟生筑前守永勝の娘という。永旨と永勝の関係が不明なので確実なことはいえないが、受領名を同じくし名乗りも一字共通であるところから、かりに親子であるとするなら、正三と重宗は従兄弟ちがいということになる。

板倉重宗の閨閥

板倉重宗には三人の娘があった。一人は内藤清成の子正勝に嫁し、のちに若年寄となった重頼を生んだ。一人は内藤正勝の従弟内藤忠政に嫁したが、その弟忠清は承応二年松平乗寿の下で、家綱の御側衆となった内の一人である。いま一人は下総生実一万石の森川出

仏教復興運動と幕閣関係表（寛政重修諸家譜から）

ゴチック体：寛文期幕閣関係者及家綱側近者
□：秀忠近侍の三臣　＝：秀忠老職　―：家光老職

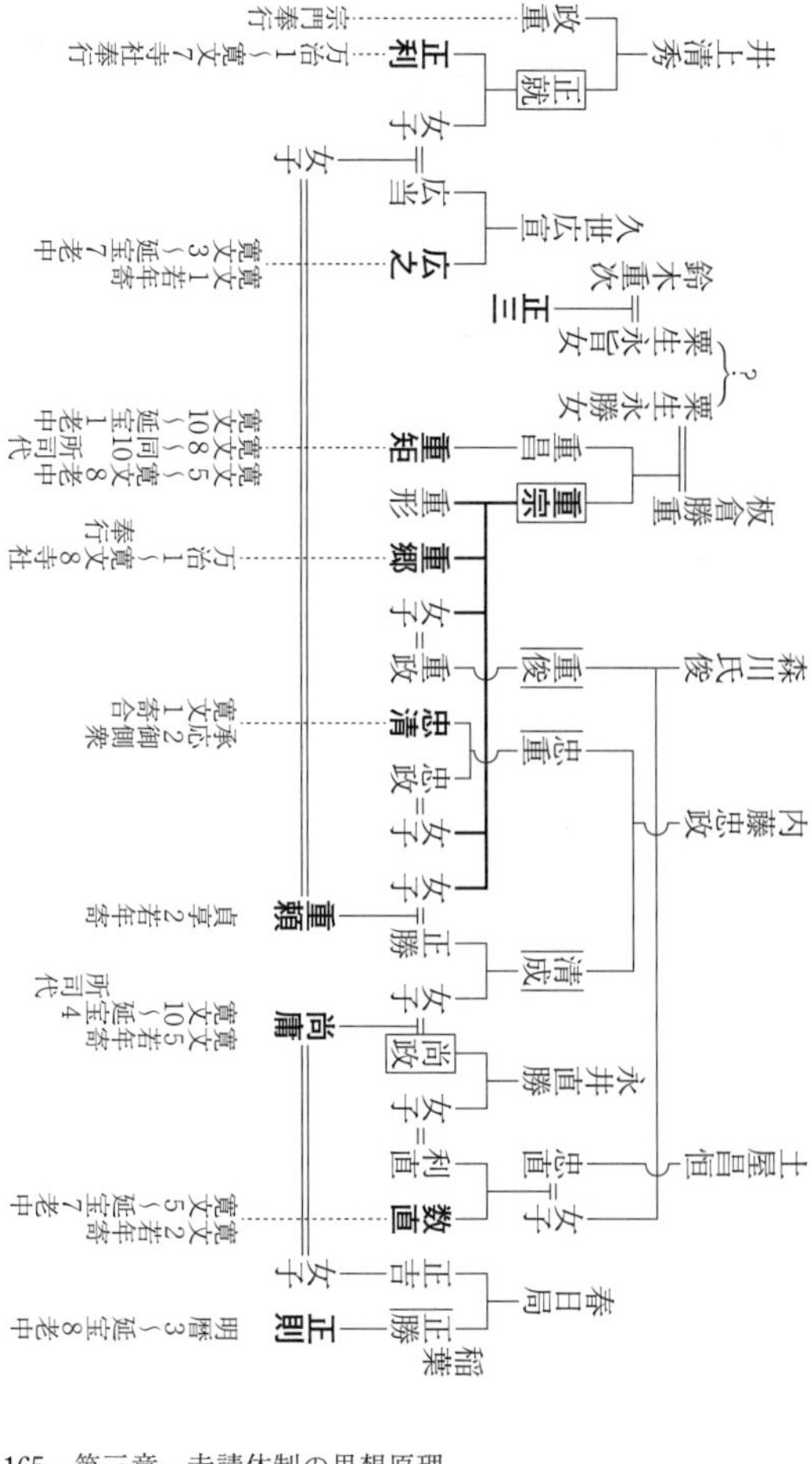

羽守重俊の子重政に嫁している。ところがこの森川重俊・重政親子こそ、実は正三の最大の外護者であった。すなわち、『行業記』の慶安三年条に「森川氏某、庵を四谷に卓て、師を請す」とあるが、『驢按橋』（下百三十二）では、

森川ノ何某殿、四屋ノ側ニ左右ニ一宇ヲ立テ、是ニ居セシム。師便、彼厳父ノ法名ヲ額ト作テ重俊院ト号ス。

とみえ、また「重俊院ハ半弥殿次第也」と遺言しているのである。森川半弥重政が父重俊のために庵を建て、ここに正三を招じたので正三はこれに重俊院の名をつけたというのである。森川重政は、幕閣にかかわることはなかったようであるけれど、父の森川重俊は慶長二年以来秀忠の側近に勤仕し、十九年大久保忠隣事件で咎をうけ、寛永四年赦免されると、「大相国家（秀忠）に仕へ奉り、双びなき昵近の者にて、終に執政の職に任じ、西城に徒らせ玉ひしにも参らせ、御書院番を兼ぬ」といわれるように、秀忠の大御所政治の中枢にあった。このため、寛永九年秀忠の死にあたっては殉死をとげた人物である。板倉重宗は、井上政就・永井尚政とともに秀忠近侍の三臣といわれており、これに森川重俊・内藤清成が加わって秀忠政権を構成していたのである。重宗はその娘を同じ秀忠側近グループの人々の家に嫁せしめたのである。秀忠政権の中枢は、板倉重宗の閨閥で占められたといってもよく、やがて森川重政が正三の外護者となってくるのも、重宗の閨閥によるもの

であるとみてよい。

寛永期幕閣と板倉閨閥

閨閥はやがて他の閨閥と結びついてより大きなものとなってゆく。秀忠近侍の三臣の内永井尚政の妻は内藤清成の娘で、妻の兄内藤正勝が重宗の娘を室としているから、尚政もまた間接的に重宗の閨閥の一員であり、その子尚庸が、寛文五年若年寄、十年に京都所司代となったのも、こうした点を無視できない。その上、永井尚政の妹が嫁した土屋利直の弟数直も承応二年家綱御側衆、寛文二年若年寄、五年老中と進んでおり、やはり板倉・永井の閨閥の一員と考えてよい。

このようにみてくると、承応二年家綱の御側衆となった四人の内、内藤忠清・土屋数直の二人は板倉重宗の閨閥に属するものであり、寛文期にはこの内土屋数直が老中となり、重宗の弟重昌の子重矩、および久世広之・稲葉正則とともに幕閣を形成した。そしてまた若年寄に永井尚庸・内藤重頼があった、老中久世広之・稲美正則もまた板倉閨閥とは無関係ではなかった。春日局の孫にあたる稲葉正則の妹は永井尚庸に嫁しており、久世広之の姪は内藤重頼の妻であった。さらにいえば、その祖父が井上正就であり、重宗とともに秀忠近侍の三臣の一人であった人物であるし、正就の子正利が、万治元年から寛文七年まで寺社奉行をつとめたのも、こうした重宗閥とは無関係ではなかったと思われる。

正三と重宗の関係は、正三の盟友万安をしてこれらの閨閥と結びつかせた。すでにみたように、万安を道元の旧蹟興聖寺に住せしめたのは、永井尚政であったし、その支持者となって万安出府の折に参禅した人物に久世広之の名がみえているのも、くわしくは不明ながら、正三を介しての親近であったかもしれない。

以上のような板倉重宗の閨閥による寛文期幕閣の形成、それらの父の世代における正三や万安との関係を、一応知ることができた。けれども、これをもって単純に正三の思想が幕府宗教行政にとり入れられたということは早計のそしりをまぬがれないであろう。しかし考えてみるに、寛文期に寺請制度が法制的に整備されたのなら、それを推進した幕閣の人々の思想をさぐることは重要であり、ここに正三―万安のカゲを見出せるなら、これらの人々をこうした観点からあらいなおすことが必要であって、そこに寺檀制＝寺請制の形成の重要なカギが発見できるのではないかと思っている。正三の幽霊になりてもという執念がここに実現したのではないかという思いを禁じえない。いまはここまでに止め、将来を期したい。

第四章　民衆仏教と教団仏教

民衆信仰と民間信仰

寺檀関係、寺檀制度にもとづく寺請体制の形成について考えてきたから、次に問題としなければならないのは、その体制のうちで、どのような仏教が形成され、民衆はどのような信仰・思想をもち、教団は何を説いたのかということ、つまり近世仏教＝幕藩制仏教の信仰や思想的側面を明らかにしなければならない。これこそ本書の「寺檀の思想」というタイトルの本来の意味であり、従ってまた「寺檀の思想」というタイトルは、近世仏教の思想、幕藩制仏教の思想、寺請制仏教の思想、といいかえることも可能である。

鈴木大拙の提言

ところで、かつて鈴木大拙は近世真宗の篤信者を論じた『妙好人』という書のうちで次のような提言をなしている。

浄土系の真宗には、開教の始からすでに二つの主流があったものと考えられる。これは著者のまだ十分に検討していない課題であるが、どうもそのように感じられるのである。主流の一つは、『教行信証』系である。今一つは、「和讃」や『歎異抄』及び

『消息集』に通ずる系統である。……妙好人の流は『歎異抄』からは出るが、『教行信証』からは涌いて来ない。……そして他力宗はまた多くの信者を「無知文盲」で社会的地位に余り恵まれない階級の中に見出す。これに反して、学問があるとか、知性に富んでいると「信」じておるものの間には、余り喜ばれないようである。もし、この人種がお寺の住職仲間だとすると、彼らは「妙好人達」を搾取して活きて行くがわに立つことになるであろう。……他力宗の中で妙好人を出した流はまた秘事法門を出した、と自分で観測している。これはよく歴史的に証拠立てなくてはならぬが、ここではその余裕がない。ただ独断的にそういっておく。

つまり民衆的仏教といわれる真宗においても『歎異抄』や『消息集』・『和讃』をよりどころとし、妙好人や秘事法門を生み出した民衆的真宗と、それを搾取し『教行信証』でかざりたてる知的・住職的真宗の二つがあると、鈴木大拙はいうのである。搾取する側の一員である筆者などには、まことに耳のいたい提言であるが、この視点はまとを射たものであると思われる。本章は、このような意味での民衆的仏教をとりあげ、またこれの対極である教団的仏教について言及したいと思う。

民衆と民間のちがい

ところで、鈴木大拙は、民衆仏教と教団仏教の二つに分けられると考えたが、それとは別に、民間信仰といわれるものがあることも忘れてはならないから、二つではなく、三つに分けて考えなければならないということにもなる。民衆仏教というようにいうと、民俗学が盛んな現今においては、むしろこの意味でうけとられる可能性がつよいので、まずこの問題について考えておきたい。

結論からいえば鈴木大拙のいうような民衆仏教（信仰）と、民間信仰といわれるものとは、もともと同じ根から生えた二つの幹であって、そのあらわれ方にちがいがあるだけだと考えている。民間信仰という言葉であらわされるものは、具体的には伊勢信仰・稲荷信仰・庚申信仰・愛宕信仰あるいは地蔵信仰・厄神信仰など、その信仰の対象によって名づけられているように、ビジュアルな信仰形態をもつことに特色があって、その信仰を支える内面の思想や思惟というものはそれほど問題にされない。せいぜいのところ、それらは祖先神であるとか、福神であるとか、あるいはメシア信仰であるとか人神信仰であるとかいうように、信仰対象の性格や、信仰の意識が問題にされるだけである。これに対して民衆信仰の名でいおうとするのは、鈴木大拙流にいえば妙好人であり、秘事法門であって、信仰の現象形態よりも思想的側面においてみられるものである。近世中期から幕末にかけて多く出現した民衆創唱宗教、たとえば天理教・黒住教、あるいは富士講（のちの丸山教）なども、民間信仰から区別されて民衆信仰（宗教）とされる。そうすれば、民間信仰と民衆信仰（宗教）のちがいは、ある信仰が思想体系として教理をもち、それを信ずる集団およびその組織（教団）を形成するかどうかにかかっている。教理・教団をもたないものを「民間」信仰というのは、教団こそ信仰の世界の「公」的なるものという意味がそこに含まれているからである。さらにいえば、教団宗教が「公」であるのは、寺請体制においてそうであったことの反映であり、それにはまた正統という概念とも結びつく。

ところが、民衆信仰（宗教）は、教団形成という点で民間信仰と区別される「公」的な枠組みのうちにありながら、その内で、異端として、正統教団信仰（宗教）とは区別される。異義・異安心・秘事法門といわれるものは、仏教教団内異端であり、天理教などの民衆創唱宗教の多くは、教団という枠組みがあまり明確でないけれど正統教団たる神道の異端という性格をもつものが多い。このように、現象形態を軸にみれば民間信仰と公的教団宗教に区分され、公的教団宗教の内部に正統と、異端が区別される。鈴木大拙のいったのは後者の区別であり民間信仰はここでは意識されていないのである。以下においては、このようなものとして、教団内異端と民衆創唱宗教とを含めて「民衆信仰」（民衆宗教・民衆仏教）とよぶことにする。

両者の関係

それでは、民衆信仰と、民間信仰の関係はどうなるのであろうか。教理・教団の形成、思想性と現象形態によって両者は区別されたのであるが、それらは無関係ではない。高取正男氏は、民間信仰の基礎となる、たとえば道祖神の信仰などにあらわされる民俗信仰は「原始の自然宗教に発しながら、久しい歴史を通じ、庶民の平凡な日常のなかで習俗として定着し、無意識のうちに伝承されたもの」であり、「信仰の枠組、想念の傾向性としてのみ存在」していたものである（『仏教土着』）とのべている。いわゆる地蔵や愛宕や庚申などの民間信仰は、こうした習俗として、「想念の傾向性」としてあったものが、習俗的側面を発展させ現象的に顕在化したものとみることができようし、民衆信仰（宗教）もやはりここに拠点をおきながら、「想念の傾向性」そのものを意識的に発展させたものであろう。この意味で、民間信仰と民衆信仰は、同根から生じた二つの幹であるといってよい。そのような前提をおきながら、ここではもっぱら民衆信仰として成長した幹に目をむけていくことにしたい。

民衆宗教史

その理由は民間信仰には信仰の形態があっても思想がないからである。民間信仰にはたとえば現世利益というような〝思想〟があるという反論があるかもしれないし、あるいは祖先崇拝という〝思想〟もあるかもしれない。しかしそれはやはり、思想という名で呼ぶよりも、高取氏の言葉を借りるなら「想念の傾向性」と呼ぶしかないものであって、「もともと意識して信仰をもとうとする以前」のものであるから、独自の一定した価値基準をもつというようなこととは、「縁のうすい世界」である。もとよりそれはそれで思想史の重要な基盤にならなければならないのであるけれど、それを取りあげることは、本書で考えようとしている寺檀の思想、近世幕藩制国家の仏教を考えるのとは、逆の方向をとることになる。つまり、日本人の思惟の原構造、想念の原点をさぐることになろうが、本書では、そうした想念が基礎となって、幕藩制国家の寺檀体制のうちで、どのような思惟として、思想として、形成されたのかを考えようとするのである。想念の原構造は、各時代の思惟・思想のうちに深く根をおろしていようけれど、それがなまの形で動くことはないのであって、何らかの意識された思惟・思想となることにおいて、始めて時代の人々の生き方を律してくるのである。たとえば、本書の基底のテーマとなっている祖先崇拝は、こうした想念の原構造として抽出されるものの一つであろうけれど、それが寺請体制下においていかなる思惟を形成するのか、その理由、その意味するところを問うことによって、近世における祖先崇拝の意味を明らかにしえるのであり、また現代における祖先崇拝の問題を問う起点となりうるのである。民衆の常なるものを明らかにしようとする民俗学と、民衆の主体性思想をみようとする民衆史あるいは民衆思想史は、同じ民衆を対象にすえながら、方向としては逆の位相にあるのである。あるいはこういえるかもしれない。民俗学は民衆の意識下の世界を追求し、民衆思想史は民衆の意識にのぼった世界を問題にすると。民衆が自己とか世界を、どのように意識したか、そのとき、何をどうしようとしたのか、それはどういう意味をもつか、こうした課題を追求するのが、民衆思想史である。そして、それは封建制下においては民衆宗教史とならざるをえない。封建制の下では近代的意味での個が自立しえず、共同体という普遍性に媒介されて成立する個は、自明にして不可知の普遍なるもの、絶対なる究極原理の存在を前提とするから、そこに形成されるあらゆる思惟・思想は、かかる究極絶対の原理にもとづくという意味で宗教とならざるをえないのである。ここに封建民衆思想史は民衆宗教史というかたちをとらざるをえない。

民衆信仰の基本的思惟

心の哲学

封建制下民衆の思惟は、「「心」の哲学」と呼ばれるパターンをもっている、ということを明らかにしたのは安丸良夫氏である（『日本の近代化と民衆思想』）。それは元禄・享保期（一六八八～一七三六）に江戸・大坂・京都の三都を中心にまず成立し、天明・寛政期（一七八一～一八〇一）に全国的に展開する思惟で、この時期に民衆のよりどころである村が荒廃し人々の生活が危機にひんしたとき、民衆は新しい状況への対処として厳しい禁欲の倫理＝倹約・正直・勤勉などの徳目を自己に課することでこの危機をのりこえようとした。もともと外から与えられ、遵守を強要されたこれらの徳目は、このとき自己の内からほとばしり出るもの、自らの内から出て自らを律するものとされなければならなかったから、そこに「自己の心の実現として世界が存在すること、あるいは、自己と世界が一体なものだと体得される」という思惟が形成され、それによって所与の諸徳目は、「むしろ自己実現、自己の心にやむにやまれぬ必然的な実現」とされることになった。このような「自己の実現としての世界」というような思惟が「「心」の哲学」と呼ばれるものであり、神・仏などの絶対的権威も、自己の心の外にはありえず、むしろ「心」こそ神であり仏であると思念される。たとえば近世民衆思想に大きな影響を与えた石門心学の祖石田梅岩は、ある朝突然「自分の心と世界が一体となる不思議な体験」をへることによって、その通俗道徳実践の根拠を獲得することになったのであり、そこに、自己の主体性を確立せしめたのである。普遍なるものに裏づけられてのみ成立する封建制下の個の主体性の思惟をここにみることができよう。

仏の身となる信仰

安丸氏においては、こうした心の権威による主体性の思惟は、早くて十七世紀末に通俗道徳の内的規範化として成立したとされているけれど、その前提として、この思惟のパターンは早くから民衆信仰の思想のうちに多く見出されることに注目しなければならない。寛永(一六二四〜四四)の頃の成立とみられる仮名草子の一つ『夫婦宗論物語』にみえる次のような思惟は、その典型とみてよい。念仏者の男と、日蓮宗の女房とが、互いにその宗派の優劣を論じあう話で、女房が「念仏申さぬ我を唯今御身に打ち殺され、骨は千々に砕くとも」念仏は唱えないといって題目を唱えたのに対し男はからからと打笑い、「いやいや我等が頼み奉る弥陀の誓願は、左様に情強には候はず。嫉妬、情愛、我癡、我見、我愛、我慢を払捨、

弥陀頼む心は西に空蝉の蛻け果てたる身こそ安けれ
誰も皆弥陀一仏と具足して何が不足で名を呼ばふらん
南無といふ二文字に花咲て阿弥陀仏に身はなりけり
我こそ阿弥陀、阿弥陀こそ我よと観念すれば浄土も穢土も余所に無し」

と説いたのである。三首の歌は、第一が心を空にしたところに安心立命があること、第二が、万人は弥陀を心身中に倶有して一体であることをいい、第三は、念仏によって弥陀と一体になることをいう、というように、我心と弥陀の一体を説くものである。

ここにみえる第三番目の歌は、序章に取りあげた任誓の歌であるとも伝えられる。任誓の故郷である『石川県能美郡誌』には、

任誓歌を好む。其一に曰く。「南無といふその二文字に花さきて、阿弥陀ほとけと身になりにけり」。里人今尚之を愛誦す。

とある。寛永期の仮名草子と、元禄・享保期の加賀白山麓の任誓に同じ歌があることはこの歌がそれだけ広く民衆に親しまれたものであったことを示し、従ってまた、民衆の念仏信仰のあり方をよく示しているものといえようが、この歌のもつ問題はそれだけには終わらない。まったく同じであるといってよいこの歌が、時代と場所をへだてて伝えられているのであるが、実はこの歌のもとになったのは、本願寺八世蓮如の、

南無といふ　そのふた文字に花さきて
やがて仏の　身とぞなりける

にちがいないと思われる。先の二首と蓮如の歌のちがいは、前者では現世成仏の意味が強いのに対し、後者では「やがて」仏の身となるとあって、来世成仏のイメージが強い。こ

こに民衆が、特定宗派の教義をどのように理解したかをみる重要なカギが秘められているのである。民衆の念仏受容は、右の仮名草子にみられるように、「我こそは弥陀、弥陀こそ我」という思惟によっているのであって、この思惟こそ実のところ民衆の信仰の基本をなすものであろうと思う。

唯心弥陀思想

御伽草子の『猫のさうし』という一書に見える次のような文言がその思惟をよく示している。すなわち、洛中の猫をときはなつ令が出たために、恐れおののいた鼠の和尚が人間の僧に成仏について尋ねたとき、その僧は、

草木国土悉皆成仏となれば、非情草木も成仏すとみえたり。いはんや生ある者として、一念弥陀仏即滅無量罪、唯心弥陀、己心の浄土也。爰を去事遠からずと説き給へば、たとひ鳥類畜類たりといふとも、一念の真理によって成仏せずといふことなし

と説き、畜生といえども、念仏一声によって救われるのであり、それは「唯心弥陀、己心の浄土」、つまり心こそ弥陀であり、浄土といえども我が心のうちにあるという教説によってたしかであると教えたのである。のちに民衆思想のうちに「「心」の哲学」として形成される思惟の原型は、このような信仰——以下これを唯心弥陀思想と呼ぼう——とし

て早くから形成されていたのである。

そういう目で、民衆信仰や民衆教化の書をみていくと、宗派を超えて、唯心弥陀思想が広汎に見出されてくる。前章で取りあげた鈴木正三では、その最初の書『盲安杖』に、

一念弥陀仏、即滅無量罪と説給へり。去ば唯心の浄土、己心の弥陀といへり。我に有弥陀仏、念じ出す事堅かるべきにあらずや。若又、信心つよくして、勇猛精進の心発て昼夜間断なく念仏せん人は、時節到来して終に己心の弥陀に相見し奉り、則唯心の浄土に安住すべし。極悪人無他力方便、唯称弥陀得生極楽、此文うたがふべからず。

というようにみえている。正三においては、おのれの心にある弥陀を、勇猛精進の念仏によって念じ出すことが、同じ心にある浄土に住することと観念されている。唯心弥陀思想を基本としていることは容易に知られよう。また真言宗の慈雲尊者飲光（一七一八―一八〇四）の短編法語では、

真正に仏を礼するものは、仏の外に自心なく、自心の外に仏なく、仏すなわち自心なり。自心即仏なり。一切衆生もまたしかなり。山河大地も亦しかなり。此中生もなく滅もなく、本来成仏にして更に別法なし。

などとみえている。ここでは唯心弥陀とか己心浄土という言葉こそみえないけれど、「自心即仏」というような言葉はこれと同じものと考えてよい。

このように禅の正三、真言の慈雲などに唯心弥陀思想が知られるのであるが、弥陀信仰を中心とする宗派、就中《なかんずく》真宗ではいったいどうなのであろうか。実のところ真宗ではこれは異端の思想になる。その理由はくわしくはのちにふれるが、異端とされた信仰者任誓のうちにみえる、こうした思惟をまずみておこう。ただし任誓においては、唯心弥陀という言葉や、そのものズバリの思惟がみられるわけではなく、真宗教理の理解の仕方に、こうした傾向が強く出るということである。任誓の主著は『聞名歓喜讃』というもので、各地に写本として残されている。その冒頭に近い部分に次のようにみえるのがそれである。

仏ノ正覚ハワレラカ往生スルトセサルトニヨルコトナレハ、往生ノコトハリノアラハレサルホトハ不定ニ似タリ。コレヲ若不生者ノチカヒトイフ。コノチカヒノチキリクチハテスシテ、イマココニタノムココロトトキイタリ、モトヨリ衆生ノ往生ト仏ノ正覚ト同時ニチキリカハセタマヒケルカアラハレ、モツテユキテシカト仏躰ニサタマルカユヘニ、必定ニ入トモ、往生カナラスサタマリヌ和讃ノココロトモイヘリ。サレハ名号ヲキキシルトイフハ、キクコトモイラズ、シルコトモイラサル。

かなり真宗教理の知識がないと理解しにくいので、少し説明を加えておこう。阿弥陀如来はその昔仏になる前に法蔵菩薩という名で修行をつづけ、そのとき、一切衆生を救わないことには自分は仏にならないという誓いをたてた。これが若不生者の誓い、つまりもし浄土に生ぜざるものあらば、正覚（仏となること）を取らないという誓いである。しかるに、法蔵菩薩の修行は完成し、菩薩から阿弥陀仏になって今にある。だから、法蔵菩薩が仏になったという以上、その誓いにあるように、全ての生きとし生けるものが救われていることを示すものにほかならない。従って、法蔵菩薩が仏になるかどうかは、一切衆生が往生するかどうかにかかっていたのであった。これをいいかえれば、仏の正覚と衆生の往生は同時でなければならないことになる。これを往生正覚同時説という。ここでは法蔵菩薩が成仏した証拠である阿弥陀如来の名号（南無阿弥陀仏）を聞き知るまでもなく、生まれたままの姿で救われていることになり、従ってまた、衆生と仏とは、往生と正覚が同時である故に本来的に一体であると考えられるから、唯心弥陀思想ときわめて近似した思惟になる。そこで任誓の信仰の最終的境地は、のちの学匠たちによって、次のような異端であるときめつけられることになる。

其所立は、信ずると云ふも計ひ、称ふると云ふも自力、頼むといふも自力なれば、一切を離れたる所が他力の安心なり。喩へば未熟の仙人ありて通力を習ひに行くに、師匠の仙人其未熟の仙人を樹上に登らせ、下より右の足を放せ、左の足を放せ、右の手を放せ、左の手を放せと命ずるに、最後の左の手をば放すこと能はず。其を放せば空中に飛行し得と命ずれども、頗る之を難しとすることあるが如し。……されば信ずるが目に著く間は他力に非ずとて、一切を放下せしめんとせり。其歌に云く。

喜ぶもいや、喜ばぬもいや　いやもいや　唯茶を呑んで　わたりおきたり

是れ名号の謂れを聞信して助け給へと頼む他力の信心を嫌ふものなれば、甚だしき不正義なり。（仏教大辞彙）

一切をすてて赤子の如くなれば救われるというのが任誓の信仰であり、それは「助け給へと頼む」という信心が欠けている故に異端であるとされるのである。たしかに任誓のように、往生正覚同時一体説をとれば、わざわざたすけ給へとたのむ必要はなくなってしまう。

安心決定抄の信仰

ところで、任誓のこのような信仰は、かならずしも彼の独創にかかるものではない。実は任誓は『安心決定抄』という書物を下じきにして、自分の信仰をのべているのである。先の引用文の「仏ノ正覚ハワレラカ往生スルトセサルトニヨルコトナレハ」という文は、『安心決定抄』の、

十方衆生願行成就して往生せば、われも仏にならん。衆生往生せずば、われ正覚をと

らじとなり、かるがゆへに、仏の正覚はわれらが往生するとせざるとによるべきなりというところに典拠をもっているのである。そして、任誓ばかりでなく、また真宗ばかりでなく、実に多くの念仏信仰者たちが、この書から大きな影響をうけているのである。いや、むしろこの書に、自分たちの信仰と共通する思惟を見出し、これによって自分たちの信仰を表現したというべきであろう。

それでは、『安心決定抄』とはいったいどんな書であろうか。古くは真宗本願寺派の二世如信や、三世覚如、あるいはその子存覚の著と考えられ、またのちに浄土宗西山派の人の手になると主張され、要するにいまだ著者不明ながら、おそくとも十四世紀初頭には成立した書である。本願寺八世蓮如は、

安心決定抄のこと、四十余年が間御覧候へども、御覧じあかぬと仰られ候。又こがねをほり出すやうなる聖教なり、と仰られ候と云云。

当流の義は、安心決定抄の義くれぐれ肝要と仰られ候と云云。（蓮如上人行実）

とのべているのである。まことに奇妙なことに、蓮如はこの書を肝要なりといっておきながら、その中心的思想は否定しているのである。これがのちのち混乱のもとになった。どうしてそうなったのか、これは大きな問題である。

民衆真宗の信仰

本来成仏主義

唯心弥陀思想と名づけたこの思惟、つまり仏という絶対真理は、自分の心のうちにしかないのであって、自分をはなれて別個に存在して、外から自分にかかわるものではない、という思惟が、近世民衆の思惟の基本であり、民衆信仰のうちにさまざまな形で見出されることをみてきた。唯心弥陀・己心浄土とストレートに表現するもの、身は仏になるという表現で仏との一体をいうもの、衆生の往生と仏の正覚は同時であり、その故に一体であるというものなど、その表現形態はさまざまであっても、仏と人間の本来的一体性の主張であることにはかわりがない。このようにいうとき、それは何も近世民衆信仰をもち出すまでもなく、大乗仏教の根本精神である一切衆生悉有仏性＝あらゆる生きとし生けるものは、みなことごとく仏性を本来内在せしめている＝という思惟ではないかといわれそうである。たしかにそれはそうである。鎌倉新仏教といわれるものは、基本的にこのような本来成仏主義をかかげて成立したのであるが、そうであるが故に、本来成仏主義が近世において民衆信仰の基本となって定着したことの意味が問われねばならないのである。そしてまた本来成仏主義は以下にみるように真宗では異端とされたこと、禅の正三、真言の慈雲など、どちらかといえば教団正統教学の場をはなれて、民衆教化をその立場とした人々に見出されたことのもつ意味も問われねばならないのである。いいかえれば、唯心弥陀思想＝本来成仏主義は、近世では正統教団教学とはならなかったところに、近世仏教の民衆と教団への二元分裂があるように思う。そこで、近世真宗の異義とされたもののうちに、こうした思惟がどのようにあらわれているのかを具体的にみることにおいて、民衆信仰の様相をさぐっていこう。

自性・我性の説

その第一は、西本願寺派における西吟と月感の教学論争（承応鬩牆《げきしょう》という）のうちにみることができる。豊前の人で、西本願寺派の学林が成立すると初代の学頭として能化の職についていた西吟の教学に対して、同じ門に学んだ肥後の学匠月感が次のような批判を加えた。月感の著した『八邪弁要』という書によると、西吟は、

却テ荘子カ道ヲ尊ヒテ、諸法ハミナ自性自然ノ作為ナリト執セリ。故ニ諸仏ノ名号・神呪陀羅尼等ニ不思議ナシ、又功徳ナシ。……烏ハ黒ク鷺ハ白シ。皆是レ自性ノ自然ニアラサルコトナシ。

という誤った考えを主張したというのである。烏や鷺はそこにそなわっている本性によって黒や白の色になるように、あらゆるものはその本性にしたがってあるべきようにあるのであるから、人間もまた、仏の名号、神呪などのマジカルな功徳によって救われるというのではなく、その本来備わっている仏性によって救われるのであるというのが西吟の教学であると月感はみて、これを誤りとしたのである。西吟自身が月感に反論した『真名答書』でも、

信と雖ども念と雖ども、始て外より来るにあらず。是則ち法界身の弥陀、衆生の心中に入る……既に法界身の仏、衆生の心中に入る故に、体性を論ずれば則ち全く相離なし。

というように、仏が衆生の心の内に入っている故に仏と衆生はまったく一体であるという。月感の批判は的はずれではなかったわけである。もっとも、このような西吟の考えは、あくまで教理・教学上の問題であって、彼の信仰はそのようなものではなかったという説もあり、西吟は何とか其宗教学を通仏教的に位置づけようとしたために、このような本来成仏主義を学問の上で採用したともいわれる。そうであるなら、西吟が、真宗教理を通仏教的にととのえることに努力した理由が考えられねばならないし、このことによって、かえって近世初期の仏教全般の動向や、西本願寺派教学が本来成仏主義にあったことをあき

らかにすることになろう。西吟・月感論争は承応二年（一六五二）に始まり、月感が東本願寺や興正寺をたよったりして騒動となったため幕府の介入をまねき、明暦元年（一六五五）学林の破却、月感の流罪という結果に終わった。

学林の能化西吟の教学がこのようなものであったから、門末一般にそうした信仰があるのはむしろ当然であった。月感の著『八邪弁要』には、西吟の「自性」の異義とともに、月感の門下に「我性」の異義があったことを記している。それは、

之レ真如法性ト云モ仏性ト云モ、人々本具ノ我性ノコトナリ。コノ我性、善友ノ縁ニ逢フテ顕レクルヲ信心トイフナリ。コノ性ハスナハチ弥陀ナリ。コノ身ステニ安楽世界ナリ。外ニ向フテ求ムヘカラス。

と主張するものであった。西吟の自性と、ここでいわれる我性はほとんど同じことで、人々本具の我性こそ仏であるという、唯心弥陀思想と何ら変わらないものである。そこで、

決定鈔ニ、ワレラステニ阿弥陀トイフ名号ヲキク、シルヘシ、トアリ。シルヘシトハ、阿弥陀トイフ名ハ即チワレラカ名ナリ、トシルヘシト云也。……阿弥陀ノ阿ノ字ノカナヲ、ワアトアソアサレタルハ、ワレ即阿弥陀トイフコトナリ。

というような、阿弥陀の「阿」の字を「ワア」と発音するのは「ワレ」という意味であるというようなこじつけまでおこってくるのである。そしてこの信仰は、右の文にあるよう

に『安心決定抄』に根拠を求めるのである。
仏と自己の本来的一体という信仰は、信仰実践の面において、念仏を欠落させてくれるのはみやすい道理であろう。自分の心が弥陀であるから、その名を口に出して称える念仏は、何ほどの意味ももたなくなってくるのである。こうして唯心弥陀思想に立脚する信仰は、いわゆる無帰命安心となるのである。

無帰命安心

その典型を黒江の異計といわれる事件にみることができる。寛文四年（一六六四）、西本願寺派紀州黒江御坊の門徒作太夫が唱えた信仰は、

> 西方浄土ハ実ニナシ、弥陀ヲタノムト云コトカツテナシ。タタ生身ノ如来ト云ハ御開山善知識ナリトテ、念仏ヲトナフルヲ大ニ笑ヒ、坊主ノ法談ヲキクモノヲアサケリ、坊主ノ作法、絵像木像ハコレ一往方便ノ義ナリトテ、貞岩カススメヲキクモノハ一往ノ義トナツケテ諸人ヲ嘲笑セリ、又カレラカツテ称名ヲ口スサムコトナシ。タタ御開山善知識ヨリホカニ弥陀トテ別ニナシ。ソノ御恩ヲ忝フ喜フカ至極ナリトテ、ツネニハ嗟呼トハカリイヒテ一声モ報謝ノ称名ヲトナフルコトカツテナキモノナリ。（『鷺森含毫』）

というように、浄土は自分の心の外にあるようなものではなく、弥陀もまた同じであるから、木像や絵像の本尊を礼し念仏するものは誤っているとみなすのである。ここまでは典型的な唯心弥陀の考え方であるが、その弥陀はとくに本願寺の門跡として姿をあらわしているとみて、ここへ全ての帰依を集中し、念仏のかわりに、アアといってその御恩を喜ぶという信仰相をみせている。いわゆる知識帰命（カリスマ的人格への帰依）であり、これが唯心弥陀思想の無帰命と奇妙に結びついているのである。この信仰は、西本願寺派において始めて本山の取調べをうけ、本山の手によって異義であると裁断された最初の事件である。その判定にあたったのは、この年没した西吟に代わって能化となった知空であったことも、きわめて大きな意味をもっている。作太夫の信仰は、それまで西派学林の正流であった西吟の教学とはそれほど大きなひらきがなかったから、西吟時代にはこれが異義とされることはけっしてなかったのである。これに代わった知空によって、西派教学は大きく転換したことを示している。

東派における同様な意味をもつ事件は、ずっとおくれて享保二年（一七一七）におこった伊勢専福寺寛梯の事件である。その主張するところは、

正覚成就の弥陀十劫已前に衆生心想の中に入満玉へり。之を覆ひ隠して顕はさざるは雑行雑修なり。この雑行を捨て除けば、別して頼まずとも機法一体の理自ら顕るるな

り。……今更頼むによりて機法一体になるとは文盲なる事なり。

という。もう説明するまでもなく、『安心決定抄』的な仏と衆生の一体説であり、念仏は不用となる無帰命安心である。そこから出てくる実践は、非常にラジカルなものになる。

一、絵像木像を礼すべからず。十劫暁天の弥陀を思へと云ふ事。

一、他宗の石仏を橋にかけて渡るべし。恐れて渡らざるは定散自力を離れずと云ふ事。

というように、形にあらわされた仏＝偶像を全て否定し、これを足げにすることにかえって大きな意味づけをあたえているのである（本多主馬「正徳享保年間における邪義者専福寺寛梯」『宗学研究』二、三号）。それではどうして東派ではこの頃になってこのような異義事件がおこったのか、これも西派の問題と合わせて次節で検討したいが、以上によって、真宗では東西両派を通じて、十七世紀中期〜十八世紀初頭までは、唯心弥陀的な本来成仏主義が、『安心決定抄』などをよりどころにして、むしろ教学・信仰の主流を占めていたことが明らかにできたと思う。このような流れを、民衆信仰の一形態として、民衆真宗とみるとすれば、これは、鈴木大拙の予想した秘事法門や妙好人に結びつくものであろう。

秘事法門

秘事法門というのは、真宗信仰の民衆的形態の一つであって、本山・僧侶に伝えられた教理を否定し、親鸞がその子善鸞に夜中ひそかに伝えたといわれる信仰を真宗の本流とみ、俗人が代々善知識＝信仰指導者となってこれを伝えたために、教団および世間に対してこれを秘するところに大きな特色がある。俗人の善知識を中心に、独自の秘密教団を形成し、その入信の儀式や会合は多く土蔵などで夜中ひそかにおこなわれるため、土蔵秘事ともいわれるもので、江戸時代には邪説としてきびしい取締りの対象となったものである。教団側はこの集団へたびたびスパイを潜入させてその摘発につとめている。そうした記録の一つ「宝暦五年秘事法門記録」（『日本庶民生活史料集成』十八）には、尼妙雲が京都の秘事法門の中心人物鍵屋勘兵衛配下の集団へ潜入したときの記録が収められている。いろいろな手続や信仰試験をへたのち、百万遍の塩井喜内家の土蔵へつれこまれる。二階にあげられ戸をしめきり屛風をひきまわした中で、助け玉へと唱へること数百辺にして「それ今御助け、此よりは仏恩報謝の称名を唱へ候へ」といわれてようやく入信が決定された。そして勘兵衛がいうには、

衆生往生成就せずば、如来も不取正覚とあれば、今日往生成就は即如来の正覚成就の日なれば、一生の内廿日には精進潔斎たるへく候

とつげられたのである。ここでも『安心決定抄』的な仏の正覚と衆生の往生の同的説が根拠になっているのであるが、いわゆる十劫異義が、それによって無帰命の信仰相をみせた

のに対し、秘事法門は逆に「タスケタマヘ」とたのむことを強調しているのであって、まったく信仰相は逆であるが、往生正覚同的な仏と人間の一体説を根拠にする点では同じである。こうした秘事法門の教理書とみられる『聖人御袖裏』（『真宗史料集成』第十巻）では、唯心弥陀思想が明瞭にみられている。冒頭に、

汝が一霊

生にあらす、滅にあらす、死にあらす、有にあらす、無にあらす、……天地いまだ始らさるさきより、尽未来際にいたるまで、滅することもなし。これを本来具足の仏性と申也。

と、世界の根本原理にして不滅なる仏性は、人間の内に本来そなわったものであると説きおこし、次いで真宗において他力信心を勧めるのは、無明煩悩の心をはなれて「明々たる本心」にもとづくためであり、それは、

我心をあきらむるより外におもふかみな難行也。たゝ南無阿弥陀仏ととなふる阿弥陀仏とは、我心の異名なり、我こころをよひかえすなり。極楽遠からす。

ということにほかならないという。仏とは自分の心であるという思惟が明らかに知られよう。この書ではこの他にも、

自力分別をはなれてみよ。自身に阿弥陀いますことをしらす、心の外に仏法をもとむ

る者、唯心に浄土あることをしらす、……

一経にいわく、応三無レ所レ住而生二其心一と。この一句について己身の弥陀に対面すべし。仏とハ心性の異名にして心の外になし。覚道別に用心なし。自身に立帰りて一心のすかたを見性すべし。住所なくしてその心を生とすべしとの金言也。一切諸相をはなれたる本性也。心即道、道即仏、仏即心也。……

一、我一心ハ十方世界の主にして仏也。……自身のほかに仏なし、仏のほかに心なしと悟るべし。……このとき仏の心と我心と一体にして、心鏡二つなき事をさとるへし。

など、心即仏という考え方がいたるところにちりばめられているのである。

また、秘事法門とともに、かくれることを主眼とした民衆宗教である東北地方の隠し念仏でも、宗教形態はほとんどこれと変わらない。その記録である『内法師譜』（『日本庶民生活史料集成』第十八巻）では、宝暦四年に摘発をうけて磔刑になった山崎杢右衛門への申し渡し書には、

帰依者ヲ山中へ引入、或ハ土蔵へ会シ、如来ノ絵像ヲ前へカケ置キ、蝋燭ヲ建、息ヲカへサズ助ケ玉へト唱へ由教へ、甚精神ヲツカラシメ、既ニ無性ニ成候節、手ヅカラ蝋燭ヲ持、口中ヲ見、如来ノ光明口へ入成仏無疑由称シ……

というようにその信仰のすすめぶりがみえている。土蔵法門とまったく同じであり、ここ

ではっきりと、如来の光明が信者の口へ入ったことをもって救済の成立といっているのである。このように、土蔵法門も隠し念仏も、「助け玉へ」を強調し、それによって弥陀と一体になるという信仰であった。

三業惑乱と地獄秘事

近世も中期となると、仏との一体を究極におきながらも、前期の無帰命的な信仰とは逆に、全身全霊をあげて帰依されることにおいてこれが達成されなければならないというような信仰が出現してきたのである。土蔵法門や隠し念仏などはこのようなものとみることができるが、ほかにも西本願寺をゆりうごかした一大教義論争である三業惑乱などはそのあらわれといえる。西本願寺学林主流において十八世紀中葉からしだいに勢力をもってきた三業帰命説とは、身に合掌敬礼し、口に阿弥陀仏たすけたまえと念仏し、心にこれを念ずるというように、身・口・意をそろえて弥陀に救いを祈願請求しなければならないという説である。学林の六代能化功存に始まり、七代智洞に至って正統教学の立場に立ったのであるが、寛政九年（一七九七）質問書が提出されて以来、批判がしだいに強まって紛争となり、享和元年（一八〇一）本如宗主の裁断があったものの、これがかえって事件を拡大し、畿内各地、美濃・安芸等で紛争が続発した。とくに美濃では批判派が領主に訴え、享和二年には数千人が蜂起して騒擾となり、あるいはまた三年には学林派数百人が本山に槍をふるって乱入してさわぐなど、両派の実力行使にいたったため、幕府も放置しえずこれに介入し、結局三業派は邪義とされておわった。学林正統派の地位にあった三業派が敗北したため、以来西派教学は混迷を深めることになったのである。教義理解をめぐる争論がこれほど大きな事件となったのは近世の宗学史を通じても珍しいのであるが、そのことは、全身全霊をあげて弥陀に救いを求めなければならないという精神状況、つまりは仏と人間は本来的に一体であるという民衆信仰の基本が大きくゆらいできた状況を示すものであろう。

かかる深刻な精神状況に対応して別のタイプの信仰も姿をみせてくる。三業惑乱の開始されたのと前後して寛政十一年に調理された東本願寺派の江州光常寺の一件などはそれを示している。それは「地獄一定と落ち切りた上で、法を信じて浄土へ往生を遂ぐ。我身は悪しき徒らものなりと思ひつめてとあるによりて」、自分自身の内に救いの可能性はもはやどこにもないことを自覚し、地獄しか行きどころのない人間であることを思い知ったところに救済が成立するというものであった。地獄秘事とも呼ばれるのであるが、ここにはもはや仏と本来的一体というオプティミズムは影もない。享和二年に調理をうけた出羽酒田の公厳になると「まことの心と云ふは如来の心なり。行者のかたにまことのこころはなし」といいきって人間の内における救済可能性、本来的仏性を否定してしまうのである。

妙好人

こうして十八世紀末、十九世紀初頭には真宗信仰は大きな転機をむかえた。そのとき登場するのが妙好人と呼ばれる一群の念仏者である。石見国の西本願寺派の僧浄泉寺仰誓（一七二一―九四）が編纂し、美濃の僧純が天保十三年（一八四二）に刊行した『妙好人伝』（初編）にちなんで、以来真宗の民衆的篤信者を妙好人の名で呼ぶようになったものである。それも単に篤信者であるというだけでなく、だいたい一文不知の民衆で特異な言動が特色となってくる。一例をあげておくと幕末妙好人の代名詞のようになっている讃岐の庄松の伝『庄松ありのままの記』を開くと、一番はじめに次のような話がのっている。

庄松、平常に縄をない、或は草履を作り等致し居て、ふと御慈悲の事を思出すと所作を抛ち、座上に飛びあがり立ながら、仏壇の御障子を押し開き、御本尊に向って曰く、

「バーアバーア」

これを編者は「親は子供の寝顔に見とれ、問わず物語の体にて、独言に喜ばれたる体なり」と説明している。これが妙好人といわれる人々の信仰相なのである。くわしいことは別の機会にゆずりたいと思うけれど、こうした妙好人たちに共通しているのは、子が親に

あまえるごとくに弥陀をしたい全身をなげうって帰依し、その救いを確信してうたがわないことである。また、その恩を報じ、自己をサンゲすることの深いことであり、それを忘れないためには、雪中にはだかで寝たり、割木の上に伏したりすることである。三業帰命説や土蔵法門にみられたような全身をなげうっての念仏によってはじめてすくわれるのではなく、また地獄秘事のように、自分の罪悪性を地獄一定とみさだめるのでもない。あるいは初期の異義思想のように唯心阿弥陀的な思想によっているのでもない。あるときふと気がつくと、救いのうちにあったのであり、あとはこれを歓喜し、報謝につとめる。そこにこんな罪深いものがという罪悪性とそれでも救われるという喜びを発見するという信仰である。

このことについて妙好人の創造者ともいうべき仰誓は、興味深いことをのべている。仰誓がある僧と問答し、ある僧が「唯イットナク聞信セシノミニテハ正義ト申難シ」とのべたのに対し、

譬ハ幼少ノ時ハ父母ト知ラサレトモ、成長スルニ随ヒテ、朝夕父母ノ傍ニアル故、イツトナク父母ト知リタルト云、ソノ始ハ覚エサレトモ、自然ト吾父母ヲワキマヘテ、取チカヘルコトナキカ如シ
幼少ヨリ法義相続ノ家ニ在リテ、イツトナク信心ノ知恵ニ入テ、称名念仏ノ考行ヲ尽

スモノ（『棲浄斎安心註進書』）

というようにのべ、これを「容有《ヨウウ》ノ機」と名づけている。この容有という言葉の意味自体あまりはっきりしないけれども、その意味するところは自明であろう。気がついたら救われていたのだ、という信仰は、それは法義相続の家においてはじめてつちかわれるものである。つまりは、寺檀制下において、家に代々伝えられた信仰のうちで、いつとなく信仰を獲得したということであり、近世仏教＝寺檀制仏教の信仰のあり方の典型なのである。そしてこれは、全力で「タスケタマヘ」とたのむということに力点がおかれた信仰と、たのむ力もまことの心も自分にはないという信仰の両極論に対し、かつてのたのむまでもなく本来成仏であるという民衆信仰の系譜につらなりながら、気がついたら救われていたという点に力点をおく信仰である。それを『妙好人伝』という形で新たに創造し、もって三業惑乱などによって動揺した正統信仰にかかわるものを打ち出そうとしたものであった。妙好人はこうして、民衆信仰と教団教学との接点において、教団側から造形された感が深い。

教団の教学と倫理

近世真宗における民衆信仰の展開は前節のようにみることができるが、それは、異端の信仰史という姿をとった。ということは、これら民衆信仰を母胎としながら、それを換骨奪胎していったのが正統教団真宗であったということであり、その過程で、これに吸収しえないものは異端として弾圧されなければならなかったのである。それでは、正統教団教学はどのようにして形成され、その性格はどのようなものであったのか。これを明らかにするのが本節の課題である。

蓮如イズム

寛文四年の黒江の異計という事件は、こうした問題に重要な視点を提示する。初代能化西吟の時代にはとりたてて問題とされなかった黒江の作太夫の信仰が、この年に新たに能化となった知空によって異義とされたのであるから、西本願寺派正統教学がここで百八十度の転換をとげたといえる。その知空の教学は「蓮如イズム」であるといわれる（薗田香融「黒江の異計」『近世仏教』一・三号）ように、たすけたまへとたのむという、「帰命」を重視するものであった。その著『南窓塵壺』には、

名号ハ所帰ノ法ナリ、信心ハ能帰ノ心ナリ、能起ノ《（ママ）》信ナクハ所帰ノ名号ニ信ヲ具スベカラサルナリ

というように、「能帰ノ心」＝「能起ノ信」＝たすけたまへとたのむ信心が強調される。

またその末尾には、

往生浄土ノ大事ハ、平生聴聞ノトホリ、阿弥陀如来ニムカヒテ、今度ノ一大事ノ後生ヲタスケタマヘトヒタスラニタノミ候ヘハ、願力ノ不思議ヲモテ、ソノタノム心ヲ光明ニオサメラレ、往生ヲサタメタマヒ候、一念ニ往生決定ト存シテ、ソノ後ハ往生ノ期マテ如来ノ御恩ヲヨロコヒ、南無阿弥陀仏南無阿弥陀仏ト念仏ヲトナヘ、法義オンヨロコヒノ事肝要ニテコソ候へ

とあって、ヒタスラニタノムこと、これによって弥陀と一体になるのではなく、弥陀の救済の光明のうちに収められて往生が定まるのであり、それ以後はただ報謝の念仏のみが信仰の実践となるのである。「信心正因、称名報恩」と説いた蓮如の教学と同じである。こまかいことを別にすれば、この教学こそ近世真宗の正統教学の基本であったから、知空はその確立の先駆者であるといってよい。以後、さまざまな曲折はあるにしても、近世真宗の教学は、「帰命」＝たすけたまへとたのむ、ということ、そのあり方をめぐって展開するのである。その最右翼に三業帰命説が成立するし、その対立形態として無帰命安心や地獄秘事があるのである。

決定抄批判

しかし、知空は近世教学の先駆者ではあったけれど、その確立者ではなかった。民衆信仰が、帰命を欠如している故に異義であるとはしたけれど、その根拠となっている『安心決定抄』の信仰については、いまだ明確にしていないのであり、実はこれの否定過程こそ、教団教学の成立過程でもあった。無理もないことで『安心決定抄』は永らく真宗の立場に立つ書として親しまれ、まして蓮如が先述のように重要視した書であったから、その否定にはコペルニクス的転回が必要であった。これをやってのけたのが東派の初代講師恵空（一六四四—一七二二）である。

恵空は、宝永五年（一七〇八）に著した『安心決定鈔翼註』において、『決定抄』批判をはじめて行った。まずその著者について、「或ハ覚如、或ハ存覚ノ御作」といわれた説を否定シ「是ハ西山家ノ書也」と宣言したのである。恵空は京都嵯峨二尊院の宝蔵に入って広く浄土教の典籍を研究し、また故実や歴史にも該博な知識をもっていたから、それら文献学の方法をも用い、基本的には『決定抄』の信仰構造を教学的に分析して、この結論にいたったのである。五ヶ条にわたる批判の第一に、「仏の正覚なりしとわれらが往生の成就せしとは同時なり」という『決定抄』の根本テーゼをとりあげ、

当流ニハ、此ヲ十劫沙汰ト名クル歟。……此鈔ハ、此正覚ノコトハリヲ知ルヲ、信心

也ト定メテ、知ルハ往生スト也……此意ハ、助ケ給ヘト憑ム今日ノ帰命ハイラヌ。タ、正覚ノ理リヲ知ル智恵ニ依テ往生ヲ顕シウルト也。是ハ当家ノ大行大信ノ願行ニハ不㆑同也

と、たすけたまへとたのむ帰命を欠如した点で真実ではないとしたのである。従って恵空の立場は、西派の知空と同様に、「帰命」を重視する蓮如イズムにあったことは明らかである。

けれども恵空においては、いまだ不徹底な点があった。往生正覚同時一体説は批判されているが、それにもとづき、仏と衆生とが相互に入りくみあって一体となるという生仏互入の機法一体説が充分に否定し切れていないのである。「此ノ機法一体ト云名目、亦タ祖師ノ釈文ノ中ニ、一所トシテ不㆑見㆑在㆑之」と否定的であるが、覚加の『願々抄』にあるから真宗の用語であり、蓮如がこれを用いたのだから、この言葉はないにしても「祖釈ノ中ニ其義非㆑無」として、結局これは肯定されてしまっている。蓮如が『決定抄』を重視したということがカベとなってしまったのである。同じ恵空の『叢林集』では「機法一体ノ義ハ、西山ノ法門也、当家ノ談ニ非ス、随テ祖師ノ御釈ノ中ニ、無㆓其文㆒不㆑見㆓其義㆒」と否定しているから、恵空はどうやらこの問題をあれこれまよいながら、ついに結論を出しえなかったようである。このような不徹底さをもつけれども、恵空は東派教学の確立者

として大きな位置を占めている。東派の民衆信仰たる専福寺寛梯の無帰命安心が、異義とされたのはこの恵空によってであり、『決定鈔翼註』によって『決定抄』を西山派の書と断定して始めてこれがなされたのであった。その後、『安心決定抄』の批判は、東派の鳳嶺（一七四八―一八一六）の『安心決定鈔記』（『真宗大系』第三十一巻）によって決定的となった。

鳳嶺は、恵空の西山派の書であるという見解をうけつぐとともに、恵空がなしえなかった機法一体の問題にふみこみ次のようにいう。

今決定鈔ニ明ス所、我等ガ心ニ弥陀ノ功徳ガ入リ、弥陀ノ胸ノ中ニ衆生ガ入ルトイフガ、コノ真言ニ依リタモノデモアルマイケレドモ、真言ト其義同ジ。……此鈔ハ機法一体トバカリアレドモ即チ生仏不二ノ義ナリ。

このように『決定抄』の機法一体とは、生仏不二を内容とするもので、それは真言宗に近いものであるという。このため『決定抄』では「正覚ノ一念ニカヘル義ヲ教ヘテアレド、後生助ケタマヘノ義ハナシ」というように、帰命を欠くこと、また現世成仏説となり、報謝の念仏を生みださないなど、蓮如の教説と大きくちがっているとみて『決定抄』を真宗で依用することに反対したのである。以来、東派では『決定抄』は正依の典籍ではないとして除かれた。ちなみに、蓮如が『決定抄』を重視したのは、その内にみられる機法一体の語を重視したのであり、しかも、それの概念をまったく別のものとしたところに意味があるとされている。蓮如のいう機法一体とは、能所一体といわれ、たすけたまえという念仏（能）と、たのむものをたすける（所）という誓願とにおける一体というものであり、帰命を媒介にして始めて成立するものである。ここに蓮如教学と『決定抄』との根本的差異がある。蓮如教学は、『決定抄』的民衆信仰を基盤にしながらこれを別のものに転換しようとしているのである。ここに蓮如教学の歴史的性格の基本があるし、それが近世教団教学として確立される意味でもあった。

教団教学の性格

知空・恵空によって批判され、異義とされた無帰命安心が、民衆信仰の基本に立脚するものであったのなら、知空・恵空によって成立せしめられた教団真宗とはいったい何だったのであろうか。それは蓮如の教学に依拠するものであるが、それは信心正因・称名報恩といわれるように、弥陀の民衆救済の誓いを信じ、たすけたまえとたのむという帰命の念仏によって往生が定まり、信後の念仏は報謝とされるものであった。民衆は、自己と仏との本来的一体性の信仰によって、その主体性の思惟を基礎づけた。唯心弥陀思想とはこの意味で民衆の主体性に権威の基盤を用意するものであった。しかし教団は、それによる民衆の主体的行為が、定まった方向性をもたない危険なものとみなし、その主体的行為をひたすら弥陀へ向かってたのむという方向づけをあたえることによって規制し、収斂したのである。また往生決定＝救済の確定後の信仰実践も、民衆的本来成仏主義にもとづくものが、偶像を否定し、石仏を橋にして踏みわたるというラディカリズムをおびてくることを恐れ、教団はこれを報謝の念仏一本にしぼりこんだのである。教団教学＝蓮如イズムといわれるものは、無限の可能性・方向性をもつ民衆の主体的実践を、弥陀への帰命と報謝という信仰的世界にとじこめてしまうことを本質としたのである。従って教団教学は、方向規制としてあったけれど、民衆の主体性そのものを基礎づけるものではなかったから、民衆の主体的思惟が発展途上にある十七世紀前半から中期までは、成立しにくかったのであり、十七世紀末期をさかいとして、早くも民衆の主体性が危機にさらされ、自立を獲得しながらその限界性・弱さが自覚されてくるとき、それらに方向性をあたえてゆくことにおいて、教団真宗として強力に形成されることになったのである。だから、唯心弥陀思想・本来成仏主義の信仰は、民衆の主体性思想における強さの表象であり、教団教学は、その弱さを吸収して形成されたものといえる。真宗が弱者のあきらめとなぐさめの宗教であるというようにみられるのも、実はこうしたところに基本があるように思う。

十八世紀中期以降になると民衆の主体性は強さよりもますます弱さの側面を露呈してく

る。そのとき、強さの回復を求めて、唯心弥陀思想は「「心」の哲学」という形で民衆道徳に再編成され、石門心学や二宮尊徳の通俗道徳となって民衆にうけ入れられる。あるいはまた、主体性の限界を意識した民衆はタスケタマヘタノムと強調する秘事法門や三業帰命説に引かれてゆき、さらに人間には救済の可能性はまったくないと絶望したとき、弥陀の救済にただすがるのみという地獄秘事になったり、逆にそのような人間であっても、いつとなく救われていることに気づき、自分の罪悪性をサンゲし、ひたすら弥陀の救済を歓喜し報謝するという妙好人の信仰を生みだす。それは救済に対する弥陀への絶対的信頼、ひいては門跡＝教団への信頼という信仰態度を生み出したから、動揺する教団教学にとって、最も好ましい姿であり、やがてこれが正統教学の位置につくことになる。教団自体にとって好ましいだけでなく、尊皇思想の展開によって危機を迎えた幕藩制国家にとって、弥陀＝門跡＝天皇＝将軍というパイプによって、天皇制権威と将軍権力に分裂しようとする危機を回避することができ、あわせてこれらへの絶対信頼を獲得しうる妙好人の信仰は、きわめて有効な国家統合のイデオロギーたりえるのである。

護法則護国

幕藩制国家の危機とはとりもなおさず寺請体制の危機であったり、それは教団の存続の意味を問うものであった。ここに登場してくるのが護法則護国という論理である。蓮如によって「コトニホカニハ王法ヲモテオモテトシ、内心ニハ他力ノ信心ヲフカクタクワヘテ、世間ノ仁義ヲモテ本トスヘシ」（御文二―六）とされて以来、王法為本を表カンバンにして寺請体制をのり切ってきた教団は、この時期にいたるとそれをさらに進めて、仏法こそ護国の最たるものであることを表明するようになる。もちろん排仏論への対応という側面も考えられねばならないが、より基本的には、寺請体制の動揺による教団危機への対処であるとみた方がよい。長州の西本願寺派僧月性（一八一七―五八）の『仏法護国論』（一八五六刊）は、そのような護法則護国論の代表的なものである。月性はここで、かつて鈴木正三が引用したと同じく『仁王経』の仏法国王付属説をよりどころに引き、

ソレ仏法無上トイヘドモ、独立スルコトアタハス。国存スルニ因テ、法モ亦建立スルナリ。皮ノ存セザル、毛ハタイヅクンカツカン。未ダソノ国ホロビテ、法ヒトリヨク存スルモノハアラザルナリ。

という認識に立ち、外国の侵略は、教と戦の二法をもってするものであるから、教による侵略に対処するため八宗僧侶は、

教ヲ以テ教ヲ防クノ責、官府ノ命スル所ニシテ、僧家ノ以テ自ラ其責ニ任シ、其職ヲツクサズンハアルベカラサルモノナリ。今ノ護法ハ唯法ヲ以テ国ヲ護スルニアルノミ。

法ヲ以テ国ヲ護スレハ教ヲヨクセスンハアルベカラス。……云何カ教ヲヨクスル。曰ク門徒ヲ教化スルニ、専ラ中興法主作ルトコロノ掟ノ文ニ根拠シ……

というように、民衆教化によって護国につとめることが、その職務であると主張したのである。僧侶は役人であるというような文句こそないけれど、幕藩制国家のうちにあって教団の職務をこのようにみることは、寺請体制の思想にほかならない。そして寺請体制による幕藩制国家は天皇制を不可欠の要素としたから、月性においても、この国家は「皇国」であり「神州」、「神国」と意識されたし、教団自体もそのようにみていた。この書に引く大法主（広如）の歌は、

エミシ等ヨ　トクタチカヘレ　神ノマス　ミクニトシラデ　ナニオソフラン

という神国意識を基調にしたものであり、月性の結論も、

皇国護スベシ。而シテ仏法以テ国ト永ク存スベシ。今ノ時、国家以テ中興スベシ。今ノ勢、仏法以テ再ヒ隆ナルベシ。何ソ神国ノ陸沈シテ、仏法ノ衰廃スルヲ憂ルコトカ之レ有ンヤト

というものであった。

世俗倫理

月性のいうような護法則護国まではいかないにしても、民衆教化こそ寺請体制下の教団の職務であるという意識は早くから形成されていたから、教団は教学を整備する一方でさかんに民衆教化のための世俗倫理の形成につとめた。当初は、仮名草子作者として著名な真宗僧侶浅井了意らのように、教団中枢にあるよりはややこれからはなれた民衆教化者が中心となっていたが、やがて恵空が『作業持勧鈔』などを著したように、学林・学寮の能化・講師たちによってこうした倫理書が積極的に著されてくる。その基調は、たとえば『作業持勧鈔』が結論的に、

身ヲアルニ任セ、世ヲ来レルニ随ヘテ、事メカヌヲ善《ヨシ》トスヘシ。強《アナガチニ》イツテノ習ヒニモアラシ。唯タ一朝一タト思テ、仏恩ヲ念シテ念仏スヘシ。

というような、ありのままの姿での救い、それにもとづくありのままの生活、報謝の念仏ということころにおかれていた。ここではまだ倫理としてはきわめて未熟な姿でしかなく、一般世間の法に従うことをいうだけであって、特に真宗的に基礎づけたり、何かを重視するという積極性はない。

しかし近世中期から後期には、より積極的な倫理形成が試みられ、そこでは儒教の五倫五常の倫理がとりこまれてくる。儒教倫理が当初の外的規範から、「「心」の哲学」によっ

て内的規範化されたように、五倫五常は五戒に引きあてられ、信心決定しての上の報謝という意味づけがあたえられて内在化が試みられてくる。東派講師香樹院徳竜（一七七二―一八五八）の『掟五常義略弁』、『五倫弁義記』などがその代表的なもので、前者で徳竜は、

ソレ出世ノ法ニオイテハ五戒ト称シ、世法ニアリテハ五常トナヅクル仁義礼智信ヲマモリテ、内心ニハ他力ノ不思議ヲタモツヘシ、……

実ニ一生道悪具諸不全両眼閉塞マテ煩悩悪業ノ止ヌ凡夫、顔ニツイテアル目鼻ヲ取レト云如クナリト元祖ノ譬給フテ、妄念妄執散乱麁動ノ儘ナカラ助給フトアル一宗ノ安心、カカル悪人ノ儘テ往生ヲ遂ルニヨリテ、死スルマテハ人間ノ道ヲ大切ニ守リ、王法ノ道ニ違背セサルヨウ、未来ノ為ニ嫌フ雑行雑修ナレハ、聊ノ善モ未来ヘ向ケル善ハナシ、唯王法ノ恩、父母ノ恩ヲ疎忽ニセス、六親眷族和合シテ信心獲得シ、念仏シテ浄土へマイルヤウトアルカ浄土真宗ノ掟ナリ

と、罪悪の身ながらあるがままの救いを知った上は、人間の道としての世間の倫理を遵守し、王法・父母の恩・和合という徳目を実践することにおいて、信心を獲得するというように、信仰的実践として倫理化されている。この徳竜にしても、いまだ抽象的であるという感はまぬがれえないのであり、こうしたものが多いなかで、わずかに具体的な倫理を説いたのは法海（一七六八―一八三四）の『家内教示弁筆記』である。それでは、一家の内

を若衆・内儀・亭主・老人・奉公の五つに分け、「家内中相和して五倫五常の道さへ調へば家内は自から治まる道理なり」といい、そのためには

善知識の御化導にしたがひ、信心とりて念仏申し〳〵、親は子を憐み、兄弟仲むつまじく、親に孝行いたし、妻は夫を敬ひ、夫は妻を不便にあはれみて、兄弟仲よく、家来は主人を大切にいたし、一つの浄土の往生を遂げたいという心底より、御法義を喜び〳〵浄土参りの談合して、銘々家業職分を怠らず、出精するように心がけ……

というように、家内が一味の信心で結ばれ五倫五常を実践することが必要であることを強調している。ここには、危機にひんした「家の保持」に対して、和を強調することにおいて、ようやく教団側からの対応がみられてきたことが知られるのである。それにしても、後にみる民衆の内からの家の保持の倫理とくらべて、抽象的である感はまぬがれえない。

回向論

このように真宗教団の倫理は、倫理としてはどうしても具体性に欠け、説得力をもちえなかった。それは、民衆の重要な関心であった生活の場としての「家」の保持、そのために精神的紐帯たりうる祖先崇拝を否定的にしかみ得ないところに問題があった。たとえば恵空は『叢林集』で、親鸞は父母のために念仏せずという『歎異抄』の言葉を引いて、

「利他ノタメ何ソサラニ回向センヤ」と、念仏による供養を否定した。ただし法要そのものは、それが君父のための報恩か、仏恩報謝かと問われて、

其仏恩ノ勤ハ長時無間タルヘキニ、儜弱下劣ノ身ハ難レ勤易レ忘、セメテハ其ノ命日忌辰ノ日ナリトモ法会ヲ設テ供仏施僧ノ志ヲイタシ、彼ノ仏恩ヲ報ズベキ也。是亦君父報恩ノ勤ナラザランヤ

と、仏恩報謝が基本であるが、君父の命日をその縁とすることによって、これを忘れないようにするのだと説いて、これを意味づけた。

真宗の立場はこのように「家」保持のための祖先崇拝を仏恩報謝に帰するにとどまったが、他の宗派ではこれは有力な民衆教化の手がかりとして展開される。浄土宗においては「回向の法門」として重視され、「子は父母の恩を蒙り、子其恩を報ぜんが為に、善を作して回向すれば、彼父母の自ら作するに当る」と説かれ、また「こひねがはくは後の当家に子孫たらん人、先祖のかしこき跡にならひ、唯往生極楽のために日課称名を相続するを家風として、祖々と孫々と共に一仏浄土の蓮台にのぼり、考妣と児女とことごとく通明自在の大菩薩位にいたらんこと」と願われたのである。これは家における信仰の継続が、個と家とを救済するものであったことを示し、近世仏教の大きな特色であったといわれている（伊藤唯真「近世仏教における救済とその論理」『日本宗教史研究4』）。このような回向の論理

は、新義真言宗の法住（一七二三―一八〇〇）の『秘密安心又略』に、

されど在家の老若男女は、朝夕からきなりはひの、うき世渡りの暇なみ、中中なりしこそ理りなれ。せめて祖師の報恩ともし、十二月二十一日（覚鑁と空海の命日）には月日ごとに寺へ参り、祖師を供養し、代々先祖のみしるしを礼し、師の坊をも訪ひて、同行として語り合ふ本来固有の安心にて、我等の如き拙き身なれど、知識と倶に即身成仏すること有かたけれど、無二の信念を発すべし。……五字の呪光明真言、十甘露の陀羅尼など、師の坊より口づから授かりうけ、仏祖の報恩ともし先亡の有縁無縁にも広く回向し玉ふべし、

というように、寺参りこそ仏祖・祖先への報恩であるとされる。このことによって無二の信念を発し、やがて人の道を怠りなくつとめることができるようになり、それは、

はた士農工商、其道々を朝な夕な怠りなく、先祖より受続ぐ業を、弥増しに栄なすこそ人道の第一なれば……

と、家業を栄えさせることが先祖の報恩にもなるというように、民衆倫理へ結びついていくのである。

民衆信仰と倫理

仏と人間の一体を根本とする民衆信仰は、封建制下の民衆が仏という権威で自分の心を根拠づけることによって、その自立を表明したものであったし、また、そのような個を超えた仏という普遍原理を媒介にせずには自立しえない弱さの表明でもあった。こうした信仰は民衆の生活を支える想念としてあったのであり、観念の遊びではありえなかったから、そこには生活と密着した倫理が形成されたことが想定される。そうでなければ、民衆信仰としての意味を失ってしまうであろう。けれども、こうした民衆倫理は、民衆が筆をもたない人間であることによって、容易に明らかにしがたい。そのため従来は民衆教化に活躍した僧たちの筆になる文献、あるいは文学作品などを素材としてこれが追求されていたけれど、それは自ずから限界があり、民衆信仰にもとづく倫理というよりは、前節でみたように教団や支配体制の側に民衆の主体性を吸収せんとするイデオロギーを明らかにするだけであった。

『農民鑑』の勤労倫理

幸いに民衆信仰にもとづく倫理史料を発見しえたので、以下これらによって考えてみたい。一つは序章で取りあげた任誓の『農民鑑』であり、一つはその任誓派の流れをくむ一道場主の家訓である『家久弁』という書である。前者はすでに地元の研究者中川一富士氏によって紹介されている（『加賀の傑僧任誓』）が、筆者の採録した諸本を合わせて校訂を加え、後者とともに巻末に収めておいた。

『農民鑑』という書は、「于時元禄丁丑十年仲春下旬、百姓某中之」という奥書があるだけで、任誓著であることは明記されていない。このため、任誓作ではないという説もなされているが、任誓の活動した地域を中心に、管見に入っただけで六冊の写本が発見されていること、また先に紹介した澍法庵慧皓の任誓批判のうちにその書としてみえていることからしてもまずまちがいないところと判断している。

この書は全体を三段に分けて考えることができる。その第一段は、封建小農民の労働倫理ともいうべきもので、

夫土民の家にむまれ、田夫の身を受たらむものハ、先諸事を抛て農業を専にすへきものなり。農ハ是上政道の根元、下家を斉《ととのへ》、身を樹る基也

という文で始まることに知られるように、農業をあらゆる価値の根本であると宣言し、そ

れに専念することによって、治国から修身斉家にまでととのうことを主張する。その反対は「不農」であって、それによってあらゆる罪悪がおこるから、それにかかわることなく農業に専念すべきこととして、農業の心得が説かれる。その中心は倹約論であって、「糟糠の麁食、烈織の鶉衣、三間の茅屋ハ、元来百姓の生得の衣食居」であるという分際論に根拠づけられ、「年貢皆済の余、是天我を養物なり、是年中に配当して喰べし」と、農民の存在は年貢皆済のためにあることを説く。

ここで正三の、農民は世界養育の役人なりにいう職分論をおもいおこす。きわめてよく似ているという思いを禁ずることはできない。けれども、これはあきらかにことなっている。正三のそれは、農民以外からの農民規定であり、任誓のそれは農民自身のものである。だから前者は農民の世界養育の役をいっても、農民自身の生活の成り立ちには目がむいていないが、任誓においては、年貢皆済を役とみながら、その余りで生活を支えなければならないと、自らの生活に目をむけるのである。それからまた、正三のそれは、心のもち方を改めて、農業を仏行となしていくことによって、その職分を意味づけたけれど、任誓は農業があらゆる価値の前提となるというところから農民の職分を意味づけている。少なくともこの二点において、正三と任誓の職分規定の方向がまったく反対であることを知ることができる。幕藩制国家を仏教で治めようとする正三と、その内にあって己の生活を確立

していかなければならない任誓＝農民の立場の相違である。正三の立場は、有名な『本佐録』の、

百姓は天下の根本也。……百姓は財の余らぬ様に、不足なき様に治る事道なり

とか、加賀藩の三代前田利常が、

惣而百姓は鷹の肉仕申様成物に候、肉よく候へば鳥取不申候、百姓肥過候へは農業を疎に仕候、肉よわく候へば鳥取放申候（『御夜話集』）

といった言葉に近いものである。そして任誓の立場は、享保期に武蔵の豪農であり、また在地農政家であった田中丘隅の『民間省要』に、

上一人より下万民に至迄、天下一日も食なくんば有べからず。夫れ食と云は民なり、民と云は田地なり、治国平天下の根元皆田地より起り、……田地の徳たること天道にひとし

という農業価値観にきわめて近いといえる。

万物一体思想

このような任誓の農本主義は、第二段の仁政論にもあらわれてくる。第二段は、

扨又惣してハ、王道の格式公方の制戒を守、別してハ国の守護・代官、所の地頭・名

主等の教訓に順ひて、万端に捗りて毛頭違乱あるへからす。

という国法遵守を説くことに始まるが、それを根拠づけるに「夫普天の下王地に不非といふことなし」という王土論、あるいは「君ハ民の父母たり。君天に代て能民を育、能民に教給へり」という君主天命撫民論がのべられる。この点ではとくに民衆思想として注目すべきものは見出せないのであるが、この仁政と天命の関係について、次のようにのべることに一つの特色をみることができる。

縦令君不仁無道にシテ、一旦政苛といふとも、敢怨憤事なかれ。粗古籍を考に、万民悪気を起則者、或霖雨厥風雷電洪水旱魃等の天災あり。或ハ野にハ螟螽を生シ、人疾疫を憂。天鑑明にシテ此相を示シたまふと云云。豈恐て是を慎さらむや。

つまり一般的にいわれるように、君主が不仁であると天命が易って天災がおこるという考え方を否定し、天災は万民の悪気によるものだというのである。万民の悪気とは、とくに農民の不農をさすことは明らかであろうから、ここにも農本主義の立場がつらぬかれていることを知りうるのである。だからつづけて、訴訟・徒党・我慢偏屈・悪口・大欲などはそうした民の悪気であるとしてこれをしりぞけ、柔和・愛相・慎・勘忍などを徳目としてかかげる。それらが重要な実践倫理とされる理由は、

古人の曰、一切の人物ハ本我と一躰なり。吾気和順なれハ、人物皆和順なり。人物和

順なれハ、吾気弥和順にして、情欲退て心躰泰、といへり。……人ハ我に依て立、我亦人を怙て立り、互に因縁して一家睝、一国泰。誠に其根甚深し。和合何浅からさらむや。天理人を隔す。一理の上におゐて自他等立り。……夫人は天地の中に生れて天地の心なり。天地ハ辺なく極なし。人の性なんそこれに異ならむや。

というように、万物一体という考え方によっている。これらは『中庸章句』をふまえたもので、陽明学の「万物一体之仁」にきわめてよく似た考えであるけれども、任誓はこれをむしろ「万物一体の和」として展開していることに目をむけねばならない。「万物一体の和」の思想は、任誓の信仰の基本である本来成仏思想、往生正覚同時の仏と人間の一体観と密接にからみあうことはもはや自明であろう。これを普遍化していえば、近世民衆信仰の唯心弥陀思想、本来成仏主義は、かかる万物一体思想とからみあい、和の倫理を形成したことが予想される。そしてそれは、とりもなおさず民衆の主体性をうらづけている家の思想であったし、共同体の思想でもあった。

無常観と倫理

しかるに、任誓は『農民鑑』第三段において、突如として一切をひっくり返す。すなわち、然るに世ハ定なし。人また常ならす。一期ハ夢のことし。万事ハ皆非なり。

と、人の世の無常によって、これまで説ききたった倫理を所詮は非であるという。それではいったい倫理とは何か。「耕て夢幻の身命を続て何益ありとやせむ」と自問し、一見「渡世活計の為」であるが、本来は、

夢幻の身を以て能耕て夢幻の身を養ひ、夢幻の身を育て夢幻の身を厭。所作皆夢幻にして、不思議の法門に入則ハ、実相を証へし。耕すも此為、勉もこの為なり。豈身を粉にして骨を砕て耕さらむや、

と、渡世・農業は、それによって無常を知り真実の教えに出会うためであるという。だから夢幻の現世の業をおろそかにすることは真実の教えの途をとざすものであるとして否定されることになる。現実を否定せんがために現実の重要性を説くこの論理はみごとである。というよりは、これが土に生きる農民のぎりぎりの倫理であったというべきであろう。

仏恩と祖先崇拝

ところで、『農民鑑』のうちには、特に家を意識しての倫理は含まれていないようである。一家一寺制の寺檀関係は、農民の家の成立とともに、その精神的紐帯として祖先崇拝と先祖への報恩を形成するという本書の論点からいえば、民衆信仰や倫理のうちに、そう

したものが見出されてもよいはずである。『農民鑑』のうちにしいてこれを求めるなら、その末尾に、

我幸に北陸加陽の民家に生れて四十年、身命を耕作の徳によせて立り。是併天地・父母・国司の厚恩なり。然則我身命ハ全我有にあらす。依てこれを諸恩の源に帰し、これを我本仏に信す。恩を爰に報し、徳を爰に喜ぶ。現当二世の大恩、総て一に貫、又溢て万に流。

とある部分がとくに恩についていわれるところであるが、「天地・父母・国司」の恩というように総称されていて、とくに先祖の恩という考え方は見出せない。しかもこれらの報恩は全ての根源である仏恩への報謝に帰一されているのである。恵空らの教団の倫理がそうであったように、真宗的立場をくずさない以上、全ての恩は仏恩に帰一されてしまう。しかしより根本的には万物一体的思惟のうちでは、祖先を特別に意味づけることは困難であり、かかる思惟が家成立期の民衆のものであったことは、家の維持の困難さ、つまり家の没落道程に直面するまで、とくに先祖への報恩という思惟は民衆のうちからは出てこないのではないかと思われる。ただし、教団側では別である。寺檀関係を安定させる一家一寺制の推進には、先祖への報恩を説くことはきわめて有効であったからである。

『家久弁』の思想

ところが、任誓の活躍した手取谷の上吉谷村の道場役であった任教（名を為中、清吉という）が、天保十三年（一八四二）に子孫のために書き残した家訓である『家久弁』という書は、道場役について知る上でも好史料であるが、家や先祖のことについてさまざまに記されている。第四段で「家ヲ持者ハ、基本ヲ知テ其恩ヲ報スル心絶ス」といい、「百姓ハ高ガ本也」という農本主義、家の基本を高におくという立場を表明して次のようにいう。

百姓ハ高ガ本也、依テ高ヲ惜テ売ズ。銀ニ行当迷惑スルトキハ、借銀シテモ高ハウラズ。……是百姓ノ本ヲ知タト云者也。サレドモ高ヲ惜ハ欲心ヲ以惜ベカラズ。先祖代々伝テ親ヨリ渡タル物ナレバ、吾物ト思ベカラズ。……世間ヲ見ニ、高ノナキ者ハ我住家スル所モナシ。……国司・親・先祖ノ恩ヲ知テ高ヲ能持テ能耕者コソ、恩ヲ報ズルト云モノナリ。

天保という大きな転換点にあたって、白山麓の一農民にも家没落の危機がおしよせたとき、それは高を失うことだと意識されたのである。そしてこのことは、逆に高あってこその家であり、その高を伝えてきた先祖への報恩こそ、家を保持する上で重要な課題となってきたことを示している。ここまでなら民衆的通俗倫理と何ら変わるところはないが、ここで展開された「本ノ恩」を知れという論理は、マコトノ本トイフハ仏ノ御恩ナリ。コノ恩ヲ知者ハ、万ノ恩ヲ能知ナリ。現当二世ノ大恩、総テ一ニ貫、又溢テ万ニ流ト古人ノ曰。人間ニハ国王ノ恩、国土ノ恩、父母ノ恩、衆生ノ恩、コレヲ四恩ト号。此四ノ恩ヲ蒙ラヌ者ハナケレドモ、其恩ヲ知テ報ズル心ノ有ガ大切コトナリ。何故大切ナトイフニ、仏ノ恩ヲ知ヌユヘナリ。本ヲ知バ一一知ニハアラネドモ、知ズ覚ズ万ニ流渡ナリ。

というように、最も基本となる仏恩を知ることによって他の四恩もまた知られるのであり、そこに高の維持、家の維持、先祖への報恩がなされるとみるのである。民衆においても真宗倫理はあくまで仏恩を報ずることであるという基本をくずさないのである。

以上、真宗の民衆信仰およびその倫理をみてきた。もっと広く他の民衆信仰を検討することによって、いわなければならないことをかなり独断的にのべたかもしれない。今は力及ばず、後の課題としたい。

研究史と文献

「寺檀の思想」というテーマそのものの研究は、おそらくいまだなされていないだろう。本書で提示したように、「寺檀の思想」という題名で、寺檀制度に代表される近世仏教の社会的構造と、それをふまえて成立したさまざまなレベルの仏教思想・思惟を総合的にあらわしたつもりである。従って研究史をのべようとすれば、近世仏教史全般にわたるものとなるが、ここでは本書の個別テーマに即してのべてみたい。

概論と方法論　それに先立って、近世仏教全般にわたる概論を若干とりあげ、あわせて方法論的問題にふれておこう。まずもってあげなければならないのは、辻善之助『日本仏教史』全十巻のうちの近世篇之一～四（岩波書店、昭和二十八～三十年）であろう。近世仏教史の研究者は、この書から入るのが常道となっており、この書をいかにのりこえるかが共通の課題となっているほどに、この書の影響は大きい。この大著を結ぶにあたって辻は、「江戸時代になって、封建制度の立てられるに伴ひ、宗教界も亦その型に嵌り、更に幕府が耶蘇教禁制の手段として、仏教を利用し、檀家制度を定むるに及んで、仏教はまったく形式化した。之と共に本末制度と階級制度とに依って、仏教はいよいよ形式化した。

……仏教は殆ど麻痺状態に陥り、寺院僧侶は惰性に依って、辛うじて社会との地位を保ったに過ぎなかった」というように、いわゆる近世仏教堕落論を主張したのである。仏教史の研究者にとっては、こうした堕落論はいわば暗黙の了解としてあり、近世仏教などは研究の対象として魅力のないものであるという認識が強かったから、辻のこの論は、ほとんど検討をへないままに定説化してしまったのである。

近世仏教史の研究は、以来こうした堕落論をいかに克服するかということを共通の課題としてきたのであるが、いまだにその呪縛から脱し切れないで苦悩しているのである。辻史観の克服は、研究対象や手段こそさまざまであっても、辻とは逆に、近世仏教のうちに、民衆に定着した仏教、そこに生きた姿をもつ仏教を発見するという方向でなされた。たとえば柏原祐泉は「寺檀関係が固定化したため、かえって仏教と庶民との接触が密接になり、受容が深められ、また一般の学問の発達に併行して、仏教の諸学問が発展し……、これらの内容が、いずれも幕藩体制下にあって、封建的性格をつよくもっていたことは否めない。とはいえ、そこに仏教が時代に生きようとした積極的な意味を見失ってはならないとおもう。そして、明治以降の近世では、近世仏教のこれらの歩みを如何に揚棄してゆくかに、歴史的な課題があった」(『近世庶民仏教の研究』序文、法藏館、昭和四十六年)とのべている。

こうした立場から著された概論書が、圭室諦成監修『日本仏教史Ⅲ　近世近代編』(法藏館、昭和四十二年）であろう。この書は、右のような基本的立場と共に、当時全盛であった社会経済史の方法を取り入れ、教団構造などの究明に力点をおいている点で、現在においても研究入門書としての位置を保っている。また、最近における『アジア仏教史　日本編第Ⅶ巻　江戸仏教』（佼成出版社、昭和四十七年）は、民衆信仰や地下信仰に重点をおく概論として、辻史観への対応の一つの典型を示している。

近世仏教全般を単独で概説するには、まだ研究蓄積が充分ではない。このため、前記二書が共同執筆で著されたが、同様なものに柏原祐泉・山岸武夫・箭内健次「幕藩体制の成立と宗教の立場」（『体系日本史叢書第十八　宗教史』、山川出版社、昭和三十九年）がある。仏教・神道・キリスト教が三者によって分担執筆されたもので、次章の「幕末の民衆宗教」（村上重良）と合わせて、近世仏教を宗教史のうちに把えようとした試みとして注目しておいてよい。概論ではないけれど、昭和三十六年から五年に亘って刊行された雑誌『近世仏教』は、不充分な研究蓄積を深めるとともに、近世において仏教がいかに受容され、いかに機能したか、そこから近世教団がどのようなものとして形成されたかを問うという視点をもち、近世仏教研究を大きくリードした。けれども、こうした概論や雑誌にみられる近世仏教の生きた機能を発見するという方向が、はたして辻史観の克服、つまりは近世仏教研究の方法論の確立となったかといえば、疑問なしとはしえない。堕落の裏返しに生きたことをいうのではなく、近世という時代において、仏教とはいったい何であったのかが問われねばならず、堕落や生き方の幕藩制的意味が問題にされねばならないのである。こうした意味で方法論の問題、研究史の整理は重要である。児玉識『近世真宗の展開過程』（吉川弘文館、昭和五十一年）の序章第一節「戦後の研究状況」は生きた仏教論の立場からの研究史であり、藤井学「近世仏教の特色」（『日本思想大系五七　近世仏教の思想』、岩波書店、昭和四十八年）は、研究史ではないが、研究の方向についての反省と整理として参照すべきものがある。これらについては、別に拙稿「幕藩制仏教論」（『近世仏教』復刊一号、昭和三十五年）でのべたので、これにゆずりたい。

寺檀制度・宗教統制・教団構造　本書第一、第二章でのべた寺檀関係・制度や寺請体制、あるいは教団構造などに関する研究は、相互に関連し合いながら、おおよそのところ幕府の宗教統制という観点から取り扱われるものが多い。

藤井学「江戸幕府の宗教統制」（『岩波講座・日本歴史　近世三』、昭和三十八年）や、圭室文雄の同名の著書（評論社、昭和四十六年）がその代表的なものである。藤井は幕藩体制のうちに寺檀制・本末制を位置づけようとするもので、「寺請制度は、このように上から権力によって強制されたものであって、自然に民衆の中に発生したものではない。これは、寺請の制度によって成立した近世の檀家制そのものも、支配権力による上からの制度として発生したことを物語っている」とみなしている。圭室は宗教統制の本質を寺院法度・末寺帳作成を通じての本末制や、会津・岡山・水戸藩の寺院整理においてみ、檀家制は民衆の葬祭から祈禱へという要求変化により実質を失ったものとみなしている。

これらとは別に、教団構造や社会構造から寺檀関係を問題にした一群の研究がある。その先駆は豊田武『日本宗教制度史の研究』(厚生閣、昭和十三年)・圭室諦成『日本仏教史概説』(理想社、昭和十五年、のち『現代仏教名著全集　第八巻』、隆文館、昭和三十五年に収録)・同『葬式仏教』(大法輪閣、昭和三十八年)である。これらの研究方向はやがて竹田聴洲『祖先崇拝』(平楽寺書店、一九五七年)・同『民俗仏教と祖先信仰』(東京大学出版会、昭和四十六年)・同『日本人の家と宗教』(評論社、昭和五十一年)によって大きく発展せしめられた。たとえば、圭室諦成の「檀家制度の源流は、……近世社会の発生過程に対応して発生した葬式・法事と結びつくもので、……自然発生した寺院と檀家の関係を、徳川幕府がとり上げ強行した」(『葬式仏教』)という寺檀制度成立論は、竹田の「「家」の近世的形態が成立した処に、庶民檀家制を可能にした最終的根拠があった」(『祖先崇拝』)という論に発展せしめられている。竹田が歴史民俗学的手法を用いたのに対し、社会学的方法でこうした点を明らかにしたのは森岡清美『真宗教団と「家」制度』(創文社、昭和三十七年)である。そこでは「一家一寺制を建前とする檀家制度の成立は、寺檀関係を安定させようとする寺僧側の要求と、寺請制度の行政的機能をより効果的ならしめんとする権力の意図と、さらに庶民の家が小さくとも葬祭の執行単位たりうるだけの独立性をもってきたこと、などによって推進されたと考えられる」とのべている。

竹田・森岡の視座をうけつぎ、著者もまた寺檀制度・寺請制度について若干の論考を発表してきた。本書第一・第二章は、これらをベースにして成ったものであるので、列挙して参考に供しておく。「加賀藩の宗旨人別帳について」（『北陸史学』十三・十四合併号、昭和四十年）、「宗門改・寺請と寺檀制度」（『大谷中・高等学校研究紀要』4号、昭和四十一年）、「寺檀制度の成立過程」（『日本歴史』二四二・二四三号、昭和四十三年）、「加賀藩の寺社改め」（『加越能寺社由来』下巻解説、昭和五十年）などがそれである。

また、近世教団の構造については、拙稿「真宗教団の近世的構造」（藤島博士還暦記念論集刊行会『日本浄土教史の研究』平楽寺書店、昭和四十四年）、「近世真宗教団構造の諸類型」（笠原一男博士還暦記念会『日本宗教史論集』下巻、吉川弘文館、昭和五十一年）をベースにしたが、それらは、児玉識前掲書や、森岡清美「ある辻本の記録」（宮崎圓遵博士還暦記念会『真宗史の研究』、永田文昌堂、昭和四十一年）などの影響を大きくうけている。

鈴木正三と仏教復興運動　鈴木正三の研究は、おそらく近世仏教史研究のうちでは最も進んだ分野に属している。第二次大戦終了後まもなく著された中村元『近世日本の批判的精神』（のち『中村元選集　第七巻』、春秋社、昭和四十年）において正三の名が著名となったのであるが、ここで中村は、正三の思想、とくにその職業観において西欧近代のプロテスタンティズムに類似した性格を見出し、近世仏教における近代的思惟の成立を主張したのである。これに対してたとえば近津経史が「鈴木正三の職分仏行説について」（『印度学仏教学研究』一二―二、昭和三十九年）において中村説を批判し、封建的職分論であると批判を加えたように、正三の思想をめぐって近代的か封建的かという論争がくり返されたのである。こうした点については柏原祐泉が前掲著書所収の論文「鈴木正三の庶民教化」においで研究史整理をなしているので、くわしくはこれにゆずりたい。

しかし、近年になって正三研究は新しい段階をむかえている。その最初は倉地克直「鈴木正三の思想――幕藩制成立期の支配思想についての一つの試み――」（『日本史研究』一五五、昭和五十年）であり、正三の思想を幕藩制イデオロギー論のうちに位置づけようとしたから、ここに近世思想史上の問題として正三の思想が取りあげられたのである。また青盛透「鈴木正三における近世仏教思想の形成過程」（『仏教史学研究』一八―一、昭和五十一年）は、正三の思想が議論されながら、その生涯、つまりは思想形成過程が究明されていないことを批判して伝記の構築を試みその上に正三思想を解明しようとした。あるいはまた村井早苗「幕藩制成立期における排耶活動――禅僧を中心に――」（『日本史研究』一

八二、昭和五十二年）は、正三とともに多くの禅僧が幕府・諸藩の要請の下に連帯して排耶活動にあたったことを明らかにし、近世初期における仏教について新しい論点を提示したのである。著者もまた、こうした最近の研究をうけつぎ、それらから近世初期における仏教復興運動の存在を明らかにし、その内に正三を位置づける試みを提示した。本書第三章は著者の「近世初期の仏教復古運動」（下出積与博士還暦記念会『日本における国家と宗教』、大蔵出版社、昭和五十三年）・「幕藩制仏教の形成過程」（大谷大学国史学会五十周年記念『日本人の生活と信仰』、同朋舎出版、昭和五十四年）の二論文をベースにしたものである。

このように、正三研究が進展したのは、その思想のユニークさもさることながら、その伝記史料および著述が一冊本の『鈴木正三道人全集』（山喜房仏書林、昭和三十七年）にまとめられていたことも大きく預かっている。またその主著のうち『盲安杖』、『万民徳用』・『反故集』は『日本古典文学大系・仮名・法語集』（岩波書店、昭和三十九年）に収められて註解がほどこされ、あるいは最近『日本の禅語録　第十四巻』（講談社、昭和五十二年）に『盲安杖』・『驢按橋』・『反故集』・『二人比丘尼』・『念仏草紙』が収められて、現代語訳・註解がなされている。おそらく近世仏教の思想家のうち正三ほど史料の刊行にめぐまれた存在はほかにないであろう。史料刊行がどれほど研究を進展せしめるかという好例である。

正三と共に本書で取りあげた仏教復興運動の諸僧は、これとは反対にまったく史料刊行にめぐまれていない。妙心寺派の大愚・愚堂・雲居らについては、川上孤山『妙心寺史』（妙心寺派教務本所、大正六年）、や荻須純道『妙心寺』（東洋文化社、昭和五十一年）などに略伝が紹介され、あるいは若干の研究論文があるだけでもいい方である。同じ妙心寺派の雲窓にいたっては、村井早苗前掲論文に紹介されるまでは『妙心寺史』を除いてほとんど世に知られていなかった。曹洞禅の万安英種・真言律の賢俊良永等は、いまだ史料探索に苦労する段階である。舜統院真超については、安土宗論との関係で日蓮宗史研究の上で注目されていたから、その著『破邪顕正記』が『大日本仏教全書　宗論部』に収められ、若干の研究論文も出されている。

民衆信仰と教団教学史　近世仏教の研究は、正三の周辺の僧侶についての研究状況が示すように、とくに思想史的側面において著しい立ちおくれを示している。民衆信仰や教学史の思想的視点からの研究も、こうした傾向を脱し切れてはいない。唯一の例外は妙好人に関するものであるが、その研究動向については、柏原祐泉前掲著書所収の「最近における妙好人研究の動向」や、本シリーズの『近世往生伝の世界』にのべられているので、それらにゆずっておきたい。

民衆信仰史、本書ではこれを異義・異安心との関係においてみてきたが、視点はことなるにしても、教団研究者によって著された異義史は若干の成果をもっている。古いところでは中島覚亮『異安心史』（平楽寺書店、明治四十五年）、鈴木法琛『異安心史』（『真宗学史』所収、六条学報社、大正九年）、中井玄道『異安心の種々相』（真宗学研究所、昭和五年）、水谷寿『異安心史の研究』（大雄閣、昭和九年）などがあるが、異義の思想史的研究というよりは、護法的立場から異義批判を目的とした性格が強く、現今においては、むしろ史料的意味をもっている。異義史料としては、『真宗大系』中に「異義集」として収められたものがある。

戦後においては大原性実『真宗異義異安心の研究』（永田文昌堂、昭和三十一年）が、教学史の立場から著されただけであって、大きな進展はない。けれども、異義を媒介に教学史を思想史的に把握しようとする研究が若干生まれている。薗田香融「黒江の異計――近世宗学史ノート――」（『近世仏教』一・三、昭和三十五・三十六年）は、西本願寺派教学史への大きな見とおしを提示したものとして、近世真宗の思想的研究には欠かせないものである。同じく石田慶和「近世真宗教学の成立と展開をめぐる一考察」（『近世仏教』三、昭和三十六年）も注目すべき業績といえよう。

これらに触発された著者は、「近世真宗異義の歴史的性格」（橋本芳契博士退官記念仏教研究論集刊行会『仏教研究論集』清文堂出版、昭和五十年）において、民衆思想史において大きな成果をあげている安丸良夫『日本近代化と民衆思想』（青木書店、昭和四十九年）が提起した「近代日本のイデオロギー史的特質を根本から規定」した「宗教的異端の未成熟という」問題を念頭におき、近世真宗異義についての見とおしを提示した。第四章のベースになったのはこの論文である。またこれに先立って発表した「「異義者」任誓の思想史的位置——「聞名歓喜讃」をめぐって——」（『真宗研究』一七、昭和四十七年）、「「異義者」任誓伝の思想史的考察」（『大谷学報』五二—三、昭和四十七年）も、またここに取り入れたが、序章がこれをベースとしていることはいうまでもないであろう。任誓に関しては、地元の研究者中川一富士『加賀の傑僧任誓』（北国出版社、昭和四十七年）や『石川県鳥越村史』（北国出版社、昭和四十七年）などに紹介されたのが始めてで、著者はこれらによって任誓を知り、中川氏などの御尽力によって多くの史料の存在を知りえた。付録とした『農民鑑』は、中川前掲著書にも収録されているが、諸本校訂を試みてより厳密なものとした。同じく付録の『家久弁』は、こうした任誓史料探索の過程で発見したものである。なお任誓に関しては、鈴木宗憲「江戸時代における異端の発生——加賀、任誓の異解をめぐって——」（『浄土真宗とキリスト教』所収、法藏館、昭和四十九年）がある。

付録一　旦那取決め覚書

凡　例

◇本書は、石川県門前町黒島町、中谷藤作氏旧蔵文書で、仮りに題名を「旦那取決め覚書」とした。

◇表紙の年記の干支が正しくは「己丑」であるのに、前年の干支「戊子」が用いられており、また連判状であるのに印がないところから写本と思われるが、筆跡からみて原本に近い頃のものであろう。

◇漢字・仮名および段落の区切など原文に従ったが、便宜上、各条項に①・②のごとく番号を付した。

（表紙）慶安戊子（ママ）年五月十五日、南北坊主中大町弘誓寺に集来仕候而、万事旦那之致改、一々帳面に
乗申上ハ、於以来ハ如帳面之可致候御事

□（弘誓寺カ）

真浄寺
慶法寺
明楽寺
西連(蓮)寺
慶楽寺
慶徳寺
光宗寺
清琳寺
道正
了念
西念

①一、夫婦寺違之所ニ、右之夫婦之中ニ子壱人ニ而候得ハ、母之跡目絶申候時、彼子ニ子共五人歟三人歟御座候者、其人両坊主合点ニ而候者、祖母跡目ニ孫壱人立可申候御事

②一、孫弐人歟四人歟御座候者、夫婦寺違候得ハ、父母へ弐人宛分ヶ可申候、此分ニ而ハ祖

母祖父跡絶候共、立申間敷候御事

③一、両坊主孫之親合点にて、祖母祖父之跡目立置申候所、彼孫何角与申候共、一度極申候上ハ相違有間敷候、但シ祖母祖父の跡目立候共、父母之跡絶候者相立申間敷候御事

④一、父母之寺違候所ニ、此親ニ子弐人御座候時、嫡子女子ニ姻取、本家を渡し申候者、姻者父方、女ハ母方、弟ハ父方ヘ参可申候、弐人なから男子候ハ、壱人宛、但シ弐人なから女子ニ而、弐人なから姻取、本家取ハ父方、妹とハ（ママ）母方ヘ、但姻共ニ参可申候御事

⑤一、右之ことく夫婦寺違之所ニ、嫡子男子妹此弐人之時、嫡子ハ父方妹とハ（ママ）母方、但此妹とニ姻取あせち渡候ハ、姻ハ父方ヘ参可申候御事

⑥一、名代之儀ハ、譬兄弟別家ニ罷有候時、本家持相果、兄之子共養少（幼）ニ而家退伝（転）仕候所ニ、別家之弟我家ヲ捨本家ヘ入る共、取立申候而、則本家ヲ渡し別家ニ罷度時ハ、本之母方ヘ参リ可申候御事

⑦一、本家ニ居度ニ罷有候時ハ、一代本家之坊主之方ヘ可参候、但シ其子本家ヲ取申候共、本家共ニ子共皆父之母方の坊主の方ヘ可参候御事

⑧一、後家入者、何（カ）時入申候共家付参可申候、又親かゝりの内ニ男相果申候時、女親之方
へ帰リ申候を押とめ子ニもらい、此女ニ姻取候時ハ夫婦共ニ家付ニ参リ可申候御事
⑨一、右之娵の時ニ、子弐子御座候者、壱人ハ父之方、壱人ハ但娵の時之坊主の方へ参リ
可申御事
⑩一、夫婦之間ニ男子ニ而も女子ニ而も、又ハ養子ニ而も、壱人の子ハ父方、但女子ニ而姻取申
候共、夫婦共ニ父之方の坊主へ参リ可申候、此者ニ子三人御座候者、祖母之跡目父方坊
主と同其門徒と相談仕、壱人相立可申候事
⑪一、養少（幼）之子共果申候時ハ、但十より内ニ死ニ申候者、父方母方の坊主ニ不限（カ）、所の坊
主仕配可仕御事
⑫一、縁借旦那ハ先年の例之如、村所不相替候者、先キニ借申寺へ参リ可申候、但シ此者の
子共ハ右親之寺へ参リ可申御事
⑬一、養子ハ其身の親之跡絶候者、養親之坊主の方へ参可申候、但シ誰人にても養子を仕
下人なミに使なし候者ハ、主人ハ其人分別次第ニ御座候御事
右之条々、旦那筋目之趣今日相極、連判仕候上者、若何角と申候者御座候者、其人可為越

度候、仍後日之証文如件
慶安弐年
五月十五日

一、今日相極申候旦那出入之御事
一、天神谷村孫右衛門、法性寺門徒ニ相極申候
一、麦之浦村久二郎、真浄寺旦那ニ相極申候
一、宇留地村次郎右衛門、真浄寺旦那ニ相極申候
一、大町村加十郎、弘誓寺旦那ニ相極申候
一、此木村泉女、弘誓寺旦那ニ相極申候
一、中居村金右衛門、西蓮寺旦那、相極申候

付録二　農民鑑

凡　例

◇石川県能美市辰口町和気、故表甚左衛門氏（現在は廉正氏）所蔵本を底本とし、その判読不能部分および誤記を対校本で補訂し、また相違する部分を註記した。
◇対校本には、鳥越本（石川県白山市、白山市立鳥越公民館所蔵・同市松井瑞輔氏旧蔵）、加賀本（石川県加賀市東谷口小学校所蔵）を用い、両本に共通するものは（　）で、鳥越本にのみあるものは［　］で、加賀本にのみあるものは〈　〉で示した。
◇句読点や段落は底本・対校本共にないが、編者の判断によって付した。
◇本文は変態仮名まじり文であるが、現代仮名に改めた。
◇ふり仮名、仮名づかいの相異、たとえば農業(のうごう・ノウケウ)は、繁雑をさけて省略した。

農民鑑

夫土民の家にむまれ、田夫《でんふ》《[タオトコ]》の身を受《うけ》たらむものハ、先諸事《まつしよじ》を抛《なけうち》《ハケミ》て農業《のうごう》《ものつくり》を専《もつぱら》にすへきものなり。農《のう》ハ是上政道《これかミせいたう》の根元《こんげん》、下家《しもいへ》を脩《ととのへ》、身を樹《たつ》る基《もとい》也。論語《ろんご》にいはく、耕《たかやす》や餧《うへ》［カツエ］其《その》中［ウチ］にありと文《いへり》。春耕《はるたかや》さす〈ナシ〉、夏《なつ》耘《くさきら》さる則《ときん》ハ、秋《あき》の収《おさめ》、冬《ふゆ》の貯《たくハへ》不足《たらす》して、凍飢《とうき》《こゝへかつゑ》是よりおこり、或《あるひ》ハ袖《そて》を握《にきり》て道路《とうろ》の［岐《チマタ》に］臥《ふし》、椀《わん》を持《もち》て人の門《かと》に彳《たゝすむ》。（奸《カン》）《□るこゝろ》邪爰に生《なり》、或ハ〈垣《かき》［墻］〉をやふり、壁《かべ》を穿《うかち》、人を誑《たふらかし》、人を掠《かすめ》、白地《はくち》《ひるなか》に恥《はぢ》《ハヂ》を蒙《かふむ》り、名《な》を穢《けかし》し、黄泉《かうせん》《ミらい》に骸《かはね》を砕《くたき》、魂《たましゐ》を痛《いたま》しむ。千《せん》非《ひ》の根《ね》百苦《ひやくく》《よろつのひかことさま〳〵の》の本《もと》、［悉《こと〳〵く》］皆不農《みなふのう》よりおこらすといふ事なし。これ漢書《かんしよ》の誡《いましめ》なり。因レ兹《これによつて》、百姓ハ農業《のうこう》を以て骨髄《こつすい》に染《そめ》て、是《これ》を励《はけむ》へし。春耕《はるたかや》さすして腹《はら》に飽《あく》まで喰《くい》（ひ）、冬織《ふゆおら》《はたせす》すして餝《かさり》て暖《あたゝか》に被者《きるもの》ハ、（国《くに》）の賊《ぬすひと》なり、と云云。若聊尓《もしれうし》に余《よ》の（道《ミチ》）に徘《やすら》《ふら〳〵とする》ひ、仮染《かりそめ》にも邪途《じやづ》に歩者《あゆむもの》ハ、田野《てんや》《たはた》（茫《ほう》）〳〵と荒《あれ》、舎宅零《しやたくれい》〳〵《やねもりかへくすれ》と傾《かたむく》へし。

余《よ》の道邪《ミちわき》（途《みち》）といふは、或ハ武家《ふけ》［サムライ］の出入、附り兵法剣術《へいほうけんしゆつ》［イクサノコトヤ］の嗜《たしなみ》、詩歌《しいか》［ウタヲヨミシヲツクル］の吟詠《きんゑい》、革《かわ》糸竹《つゝミのるひ》の調物《しらへもの》《ことのるひ》［フエルイ］、其外己《おのれ》に似《に》合《あハ》さる諸芸《しよけい》の錬魔《れんま》《ねりみかき》、非《ひ》家《かケ》《百姓のうりものほかよろつうりかいのものやくにたゝぬ》の商売《しようはい》、無用《むよう》の細工《さいく》、無益《むやく》の殺生《せつしよう》、或ハ酒《しゆ》［サカ宴遊興《えんゆふけう》《モリツキミハケミ》［ウトフツマフツ］の乱舞《らんふ》、碁《こ》・将棊《しようき》・双六《すころく》の勝負《しやうふ》、博奕《はくち》・讃上《せんしやう》《そこかふき》・好色《かうしやく》《いこのミ》等（な）り。此外分際過美《ふんさいくわひ》《わかしんたいニよりて》の附合《つきあひ》、及《およひ》（請）人・証人・口入・仲人《なかうと》、〈惣《すへ》〉て隙《ひま》を費《ついや》し業《なりわい》［シコトノサマタゲ］しことを妨《さまたく》る邪魔《じやま》［アシキヒトニソノカサシ］ハ、尤《もつとも》これを遁《のかる》へし。
次に田畠《てんはく》を耕《たかや》し、種子《たね》を蒔《まき》、(苗)《なへ》を植《うへ》、(培)《こやし》を賦《くはり》、修理《しふり》を加《くわふ》。これ農業《ものつくり》の大事《たいじ》也。兼《かね》て其歳《そのとし》の令時《れいし》《おりきり土用などの事》を計《はかり》て、(少)［スコシ］も其期《ご》殿《おくる》へからす。四時《しいし》陰陽《ゐんやう》《はるなつあた、かなるとき あきふゆさむきとき》の序《ついて》ハ、暫《しはらく》も怠《おこたる》事なし。是に規《のつとりしたかひ》順て耕耘《かううんし》《たかやしくさきりまきうへ》蒔植《ちよく》せさる則《とき》ハ、穀苗《ものなへ》快《こ、ろよくふとら》長すして、全《まつたく》実《みのら》す。看《み》すや、(藁)《(わ)から》を苅《かり》、穂《ほ》[を]摘《つむ》も、尚期《なをご》後《おくる、とき》則ハ、茎《くき》(朽)《くち》粒落《つふおつる》。(況)耕作修理《かうさくしゆり》をや。古人《こじん》の謂《いへる》事《こと》あり、一年之謀《はかりことハ》陽春《やうしゆん》［ハツハル］にあり(と)。誠《まことなるかな》哉是語《このことハ》。春已《はるすて》に後《おくる、》者《もの》(ハ)、四季《しき》倶《とも》に追《おつ》て後《おくる、》。展転《てんてん》して翌年又尓也《よくねんまたしか》。依レ之、[唯]［タ、］進《す、み》て緩《ゆるむ》へかさるハ時《とき》なり。故《かるかゆへ》に農《のう》を能《よく》せむと欲《ほつ》［オモウ］するものハ、冬《ふゆ》に居《ゐ》てしかも夏《なつ》を憶《おも》ひ、夏《なつ》に在《あり》てしかも冬《ふゆ》を慮《おもひはかる》る。是片時《これへんし》も家業《かげう》《みすき》を忘《わする》へからすといふ事也。

人の餓死《うへしぬ》ハ本励《もとはけま》さる人《故》なり。家《いゑ》の富栄《とみさかへ》たるハ、昔《むかし》勉《まめにつとめ》力し家《いゑ》なり。耳《み、》に触《(フレ)》て聴《き、》つへし、目に宛《あて》て看《みる》へし。粗《あら〳〵》聞《き、》精《くわしく》見る豈《なんそや》。今己《いまおのれ》を、〈ナシ〉勇《いさめ》て働《はたらき》励《はけま》さらむや。また次《つき》に地の乾熟《かんしゆく》所《ところ》の陰陽《かけひなた》に随《したかひ》て、植物種足《うへものたねあし》の厚薄《こうはく》［アッウス］、糞培《ふんはい》［コヤシ］の軽重《きやうちう》［カルシオモシ］宜《よろしく》これを計《はからふ》へし。復《(マタ)》夫諸穀数多《それしよこくかすあふし》。所《いわ》レ謂米《ゆるこめ》・大豆《まめ》・小豆《あつき》・麦《むき》・麨《こむき》・黍《きひ》・稗《ひえ》・喬麦《そは》・大角豆《さゝけ》等《とうとうな》なり。是に又各《おの〳〵》多《あふく》（の）種《たね》あり。粳糯《うるもち》・早稲《わせ》・晩稲《おくて》なり。是《これ》又異名《いみやう》数あり。或《あるひ》ハ（禾《のき》）の有無《あるなし》、藁《から》〈ハラ〉〈藁〉の長短《なかみしか》、穂《ほ》の大小、或《あるひ》ハ生育《しやうゐく》〈セイハタノ〉（え）難易《なんゐ》［カタキトヤスキトフトリ］、生長の遅速《ちそく》［ヲソキトハヤキト］、是皆風味《これみなふうみ》異《かわり》色香《いろか》区《まち〳〵》なり。此外《このほか》莨菪《たはこ》・麻《あさ》・藁《からむし》・木綿《きわた》・蘿根《たいこん》・蕪《かふら》・芋《いも》・蒟蒻《こんにやく》・牛房《ごぼう》・茄子《なすひ》・瓜《うり》・瓢《ふくへ》・冬瓜《かもうり》・南蛮《なんはん》・苛《からし》・芥子《けし》・胡麻《こま》・蘿芍《にんしん》・蒜《にんにく》・葱《ひともし》・苣等《ちさとう》、又藍等《あいとう》の染草《そめくさ》、荏《ゑ》・菜種等《なたねとう》の油種《くさ》、紫蘇《しそ》・地黄等《ちわうとう》の薬種《やくしゆ》、各《おの〳〵》其種子《そのたね》と地《ち》（性《しやう》）と相応させる則ハ《ときハ》、十分の利《り》を得《ゑ》かたし。遠古《とおくいにしへ》を訪《とむらい》て鏡《かゝみ》とし、近今《ちかくいま》を尋《たつね》て指南《しなん》とすへし。但《たゝし》五穀《ごこく》の外莨菪《たはこ》等の諸色《しよしき》、楚忽《そこつ》にこれを作事《つくること》、無用《むよう》と謂《いゝつ》へし。勝《すぐれ》て徳《とく》あるものハ動《やゝもすれ》ハ勝《すくれ》て損《そん》あり。其風俗《そのふうそく》にあらすハ是《これ》を止《とゝむ》へき歟《か》。馴《なれ》て往古《わうご》より有来《ありきたるうへもの》植物にをゐてハ、昼夜《ちうや》心を励《はけま》し、身を（勉力《まめ》〈ツトメ〉）にして苦《ねんごろ》にこれを作《つくる》へし。或（アル）ハ疇畦《あせくろ》にハ桑《くわ》・楮《かうつ》・茶園《ちやゑん》、或ハ空地の野毛《のけ》にハ茅《かや》・薄《すゝき》・〈蓑《みの》〉毛《け》等、沢原《さわら》には菅《すけ》（い）※（藺）・蒲《かま》・笠菅《かさすけ》・葭《よし》の類、又四壁《しへき》の竹藪《たけやふ》、垣地《かく》の樹木《しゆもく》、菓《このみ》をとり、漆《うるし》を摑《かく》。是等《これら》ハこれ農人《のうにん》の助業《しよこう》にして、所帯《しよたいのうるおい》潤なり。随分《すいふんよろしく》宜意《こゝろ》を爰《こゝ》に働《はたらく》〈ハケム〉へし。古語《こご》にいわく、一年の謀《はかり事》にハ穀《こく》を植、十歳の計《はかりこと》にハ樹《き》を植《うへ》、一代の計《はかりこと》にハ人を植《うゆ》、といへり。今爰《いまこゝ》に的当《てきとう》せり。
次復《またつき》に、農具《のうぐ》［百姓ノドウグ］諸事の用意《ようい》、兼日《けんじつ》に是を整《とゝのへ》へし。俄《にわか》に物《こと》を闕《かく》ハ常《つね》に遠慮《えんりょ》なき故《ゆへ》也。夕部に臥《ふし》てハ朝《あした》あらむ事を計《はか》り、〈以下十四字ナシ〉旦《あした》に起《おき》てハ暮《くれ》にあらん事［コト］を計り、今月にありて来月［ライゲツ］を計《はかり》、今年より来年を計《はかり》（者）、是百姓日用《これひやくしようにちよう》の意地《いち》也［モノツクリノコ、ロバセナリ］。先田畠相応《まづでんはくさう》の穀種《ものたね》勿論《もちろん》〈ナシ〉糞尿《こやしこへ》［クソバリ］培の貯《たくハへ》、是農《もの》業《つくり》（モト）の本なり。夫魚《それうを》を望 者《のぞむもの》ハ網《あみ》を綴《つゝく》る、穀《こく》を望《のぞむと》 土民《みん》ハ豈 地《なんそち》（と）培《こへ》（と）を忽《ゆるかせ》にせむや
次に里子《さとこ》の雑食《さうし》、牛馬《きうば》の飼料《かひれう》、幷［ナラビニ］鋤《すき》・鍬《くわ》・馬把《まくわ》等の農具《のうく》、荷鞍《にくら》・田鞍《ちやくら》・轡《くつわ》・鞦《しりかひ》等《とう》の馬《ハ》具《ぐ》、鎌《かま》・攤刀《なた》・桑切《くわきり》・機籠《はたこ》・持籠《もつこ》・手籠《てこ》・縄袋《いつみ》・筵《むしろ》・簀《す》・蒔《コモ》・沓《くつ》・草鞋《わらんし》・胴蓑《とうみの》・田縄《たなわ》・挽《ひき》縄《て》等の雑具《さうく》・冬至《たうし》より衣更着《きさらき》以前《いせん》に整《とゝのふ》へし。聊《いさゝか》今日の限《かきり》にあらすといひて、徒《いたつら》に日夜《にちや》を送 事《おくること》なかれ。
扨《さて》又衣食 住宅《いしよくしふたく》の事、最 我分際《もつともワカふんさい》に任《まかす》へし。若《もし》分を過《すき》て厚味《こうみ》《むまきみの》を喰《くらい》、美服《ひふく》［ウツクシキモノ］を好《このみ》、居所《きよしよ》［イトコロ］を餝《かざる》者《もの》ハ、日を逐《おゐ》て衰微《すいひ》の根《ね》、必 滅亡《かならすめつほう》の先相《せんさう》なり。比三（の）過《あやまち》ハ、己《おのれ》を顧《かへりみ》す、天道を恐《おそれ》す、機《き》随《すい》意に名《な》を衒《てら》ひ、身《み》を楽《たのしみ》て、農業《のうけう》を専《もつはら》にせさるより起 故《おこるゆへ》なり。抑《そも〳〵》、耕作蚕養《こうさくこかい》ハ百姓

の家業《かげう》たりといへとも、我意《かい》に任《まかせ》て人と桑《くわ》との分際過《ふんさいすき》（限）てハ、尚多《なをあふく》ハ破滅《はめつ》の基《もとい》也。況其余《いわんやそのほかを》哉《や》。過《すき》たる者心二（必）不レ及《およハす》。是自然の理《り》《コトハリ》なり。礼記《れいき》（に）いはく、侈《おごり》をハ長《ちやう》すへからす、欲をは縦《ほしいまゝ》にスへからす、〈以下十六字ナシ〉志《こゝろさし》をは満《みつ》へからす、楽《たのしミ》をハ極《キハむ》へからす、といへり。唯己《たゝおのれ》を約《つゝまやか》にして、奢《おこり》を避《しりそけ》て常《つね》に卑謙《ひけん》［イヤラシフヘリクタル］の座に住《ちう》すへし。然《しかる》に糟糠《かすぬり》の麁《ソ》食《あしなきくいもの》、烈織《さきおり》の鶉衣《うづらころも》、三間《ケン》の茅《か》屋《やゝ》ハ、元来百姓《くわんらいひやくしよう》の生得の衣食居《いしよくきよ》［キモノクヒモノスミカ］也。年貢《ねんぐ》皆済《かいさい》の余是天我《あまりこれてんわれ》を養《やしなふ》物なり。是《これ》（を）年中に配当《はいとう》して喰《くらふ》へし。又或ハ桑を植《うへ》て蚕《こかひ》を養ひ、或《あるひ》ハ又薪《たきゝ》を樵《キリ》重《こりおもき》を運《はこふ》の顧《かせき》、薦《こも》を編莚《あみむしろ》を織《おる》の励《はけミ》、是を以て諸具《しよく》の価《あたい》に擬《あてかふ》へし。若己《もしおのれ》を高《たか》して、骨《ほね》を惜《おしミ》分《ふん》に過《すき》て身《み》を愛《あい》し、年貢難渋《くなんしゆう》して食類乏《しよくるいとほしく》して、人の財宝《さいほう》を借《かり》り、人の冨貴《ふうき》を〈羨《うらやむ》〉者《もの》ハ、其罪倉《そのつミくら》を破《やふる》へ過《すき》、其報当《そのむくひまさ》に畜生《ちくしやう》を感《かん》すへし。尚書《しやう》に曰《いわく》、天の作孽《なせるわさわひ》ハ猶違《なをさけ》つへし。自作孽《ミつからつくるわさわひ》ハ遁《のかる》へからす、といへり。倩観《つらつらおもんミる》に、己を卑《ひきく》して奢《おこり》を避者《しりそけるもの》ハ、物皆足《ことみなたる》。知レ足者冨《たるをしるものふく》人といふ。挙レ身侈者《みをあけおこるもの》ハ万事《ばんじ》不レ足《たらす》。不レ足《たらさる》を貧《ひん》人といふ。貧《ひん》ハ諸道《しよとう》の妨《さまたけ》、煩悩《ほんのう》の根《ね》なり。然《しかれ》ハ則《すなハち》、常《つね》に倹約《けんやく》を守《まもり》りて、或《あるひ》ハ年始《ねんし》・節供《せつく》等の作法《さほう》、或は聟取《むことり》・嫁取《よめとり》等の祝儀《しゆうぎ》、又ハ仏事《ふつじ》・葬礼《さうれい》の儀《ぎ》式等《しきとう》、己《おのれ》か分際《ふんさい》を測《はかり》、在《ある》に任《まかせ》て過分《くハふん》の結構《けつかう》を催《もよおす》事なかれ。是更《さら》に慳貪《けんとん》にして物《もの》を惜《おしミ》、強面《つれなく》して情《なさけ》を奔《すて》よといふにはあらす。唯《たゝ》無を以《もつて》て有《ある》に似《に》せ、誉《ほまれ》を好《このん》て分《ふん》を弁《わきまへ》さる事を憎《にくむの》而已《ミ》。

扨己《おのれ》の分際を知《しら》んと欲《おも》ハ、一の工夫《くふう》有へし。夫《それ》心ハ陽《やう》を法《のつとり》て、旺《たかふり》昇《のぼ》らむと欲《ほつ》す。身ハ陰《ゐん》を法《のつとり》て、卑降《ひきくくたる》事を好《このむ》。故《ゆへ》に心《こゝろ》に任《まかせ》て行《おこなふ》者《もの》ハ、百面《めんとう》にして奢《おこり》、身のことく《コトク》行《おこなふ》者ハ支《し》干《かん》にして吝《しわし》。身と心との中におゐて、己《おのれ》か分際《ふんさい》あるへし。然《しかり》といへとも、其中を守《まもること》事ハ、上古《じやうこ》の達《たつ》人尚病諸《なおやめり》。況今時《いわんやこんし》の［ツチシリ］田夫野叟《てんふやさう》［百姓］におゐてをや。唯士民《たゝとみん》ハ元 来下賤《くわんらいけせん》の者、身《ミ》を土《と》［タハタ］地《ち》に依《よせ》て立利《たてり》。こゝろを農《のう》［心百姓ノ面之相守也］業《けう》におゐて楽《たのしむ》事を知《しら》は、身《み》の分［限《けん》］を知《しり》たりと謂《いふ》へし。論語に曰《いはく》、奢則《おこるときハ》ハ不遜《したがわす》、倹則《つゝまやかなるときハ》ハ固与《いやしく》、其不遜也《そのしたかはさるよりハ》寧固《むしろいやしかれ》、といへり。

此語勢此篇《へん》に契《かなへ》り。

扨又惣《そう》してハ、王道《わうとう》の格《かく》〈式《しき》〉公方の制戒《せいかい》を守《まもり》、別《へち》してハ国《くに》の守護《しゆこ》・代官《たいくわん》、所の地頭《ちとう》・名《な》主等《ぬしとう》の教訓《けうくん》［ヲシヘイヒツケ］に順《したがひ》ひて、万端《はんたん》に捗《わた》りて毛頭《もうとう》［ケノサキホトモ］違乱《いらん》［イムリ］あるへからす。夫普天《それふてん》の下《した》王地に不非《あらす》といふことなし。君《きみ》ハ民《たミ》の父母《ふも》たり。君天《きみてんヨリ》に代て能民《よくたみ》を育《はこくみ》《やしない》、能民に教給《をしへたま》へり。天又君《てんまたきみ》を立て、善政《せんせい》《［ヨキマツリコト］》を敷《しき》て、或ハ如法《［ニヨホウ］》正直《しやうしき》の者《もの》をは誉揚《ほめあけ》てこれを賞《しやう》し、或ハ姧曲《かくきよく》邪悪《じやあく》のものをは謫《せめ》（糺《たゝし》）てこれを誅《ちう》《ころす》す。爰を以て人ハ我におゐい損害《そんかい》を加《くハへ》《もてはやし》す。我又《われまた》邪路《じやろ》遁《のがれ》て正道《しやうとう》に［赴《おもむ》］く。加之《しかのみならす》、或ハ稲《いね》を野《や》《［ノハラ］》外《くわい》に乾《ほし》、薪《まき》を深山《しんさん》《［オクヤマ］》に積《つむ》といへとも、盗賊《とうぞく》濫望《らんほう》《ぬすまれ》《［マキラカサレ］》の失費《しつつい》《［うしないつい へ］》に逢《あわ》す。或ハ又、孤独《ひとり》山野《さん》に徘徊《はいくわい》《やすろふ》し、通夜《よもすから》道路《とうろ》を往還《わうくわん》《［ユキカヘリ］》すといへとも、辻斬追剝《つしきりおいはき》等の横難《わうなん》《［ヨコ□□ノナン］》を蒙《かふむ》らす。誠《まこと》に広《かう》大の恩《おん》にあらすや。

然ハ《しかれハ》則《すなハち》、守護《しゆこ》ハ全《まつたくじ》自身《しん》を守護《しゆご》せむ為《ため》にあらす。偏《ひとへ》に国民《くにたミ》守護《しゆご》し給ふ。〈爰《なんそ》〉其《その》《〈ナシ〉》高徳を傍《かたわら》にして格《かく》を戻《もとき》、其厚恩《こうをん》を忘《わすれ》て命《めい》に背《そむ》かむや。将《まさに》其冥《みやう》加を知て彼恩沢《かのおんたく》を報《ほう》せむと欲《おもハ》ハ、常《つね》に公儀《［コウギ］》を尊重《そんちう》《［タツ□□オモンシ］》して法度《（ハツト）》に随《［シタガ］》（ひ）、年貢《［ネンク］》課役《くわやく》《［オホせツケノカ、リモノ］》におゐて蟠《わたかまり》をなさす。人《［ヒト］》の害《かい》とならす。事《［コト］》の妨《さまたけ》をなさす。（唯一《［タ、ヰチ］》途《（ツ）》に家業《［カ ケフ］》を（勤《［ツトム］》）へし。是則《［コレスナハチテンカ］》天下泰平《タイヘイ］》の端《（ハシ）》、自身安穏《［シ シンアン］（オン）》［の］瑞《［オン］〈スイ〉》也。縦《〈タトヘ〉［ハ］》令君不仁無道《［キミフ ジンム ダウ］》《［ジヒモナクミチナク］》にシテ一旦《［ヰチタン］》政《（マツリことカラシ）》苛といふとも、敢怨憤《（アヘテウラミイカトフル）》事なかれ。粗古籍《（ホ、コ シヤク）》を考《（カンカフル）》に、万民悪気《［ハンミンアクキ］》を起《（おコ）》則者《［ルトキニハ］》、或《［アルイハ］》霖雨厥《（リンウ ケツ）》風《［フ］》雷電洪《（ライテンカウ）》水《［スイ］》旱魃《（カンハツ）》等《［トウ］》の天災《［テンサイ］》あり。或《［アルイ］》［ハ］野《［ノ］》にハ［蝢螽《［イナムシ］》］を生《［シヤウ］》シ、人疫疫《［ヒトシテマキ］》《〈ツ〉》を憂《（ウレフ）》。天鑑《〈テンカ、ミ〉》《［テンカン］》明《［アキラカ］》にシテ此相《［コノソウ］》を示《［シメ］》シたまふと云云《［ウン］》。豈恐《［アニヲソレ］》て是を慎《[ツ、シマ]》さらむや。然則《[シカレハスナハチ]》諸奉行《[シュブギャウ]》の下知《[ゲジ]》に順《[シュン]》し名主《[ナヌシ]》）等《[トフ]》の指図《さしつ》に任《[マカセテ]》て、万般《はんたん》《[タヒ〳〵]》の禁制《キンセイ》堅固《ケンこ》にこれを守《[マモル]》へし。

若又《もしまた》上を蔑《ないかしろ》にして、故由《ユヘ》《[ヨシ]》もなき訴《そ》〈訟《しやう》〉を達《たつ》し、悪人と組《くみ》して徒党《ととう》《[イタツヲコトノタクミ]》を企《くわたて》て、我慢偏屈《かまんへんくつ》《[ワレヨシヒトハワ》にして《ルシカタイチ]》是非《ぜひ》を論《ろん》し、理《り》を募《つのり》、己《おのれ》を立《[たて]》て、公事《[クジ]》に及《[ヲヨビ]》、瞋意強盛《しんいかうしやう》《いかりはらつよくさがり》にして闘諍喧嘩《とうしやうけんくわ》を好《このみ》、口《[クチ]》に任《まかせ》心の儘《まま》に打擲《ちやうちやく》《[ウチアイ]》蹂躙《しうりん》《[フミアイ]》、悪口《あくかう》《ワルクチウサ]》両舌《りようせつ》《[クチナシ]》し、大欲放埒《たいよくほうらつ》にして、他の物《[モノ]》を隠奪《かくしうはい》、人の境《さかい》を押領《おふれふ》《[ノヤマタハタノサカイヲワ》する《カタヘツクリコム]》則《ときハ》ハ、生《いき》てハ禁籠斬罪《きんろうさんざい》の刑罰《けいはつ》に偶《あひ》、死して〈は〉奈洛多劫《ならくたこう》の苦患《くけん》に沈《しつみ》〈む〉其期《そのご》に及《およん》て千度百悔《ちたびなけきひも、たひくやむ》とも、何《なに》の益《ゑき》あらんや。故《(カルカユヘ)》に平生《エイせイ》におゐて、深思量分別《ふかくしりよふんへつ》《[オモヒハカリコ、ロツケ]》して律（儀）を守へき事《[コト]》肝要《かんよう》なり。

今重《いまかさね》《[ツネ]》て尋常《じんしやう》の行跡《かうせき》《[フルマイ]》を教示《おしへしめさ》ハ、先妻子《マズサイシ》・兄弟《[ケフタイ]》・奴婢《ぬひ》及従類《およひじうるい》《[エンジャツキノモノ]》・眷族《けんそく》に対《たい》して、内心《[ナイシン]》脆柔《もろくにう》《こころか》和《わ》《るくやわらかに》にして、外には或《[アルイ]》ハ教戒《けうかい》を加《くわへ》へ、[以下六十二字脱]或ハ愛相《あいそう》を顕《あらは》し、兼《かね》て又公界《くかい》を張《はり》、世人《せじん》に交《ましハル》則《ときハ》ハ、能言行《よくけんきやう》《〈カウ〉》を慎守《つゝしミまもり》、愛敬《あいきう》を致《いた》し、我《われ》を枉負《まげまけ》《[ノチニャム]》て物と〈諍《あらそハ》〉す、事堪忍《たへしの》ひて人を詈《のゝしル》へからす。寔《まこと》に悪言《あくこん》の舌再口《したふた、ひくち》に還《かへら》す。時移事去《ときうつりことさつ》て後悔《かうくハい》すとも詮《せん》なし。若人我《もし》《[ヒトワレ]》を譏詈《そしりのゝしる》といふとも、聊《いささか》我《[ワレ]》におゐて人《[ヒト]》を《(ナシ)》憤《いきとほら》す。還《かへり》て我《わか》過《あやまち》《[トガ]》を恐《おそる》へし。古人の曰《いはく》、一切《いつさい》の人物《ニンモツ》《[モノ]》《[者]》ハ本我《[モトワレ]》と一躰《たい》なり。吾気《わかき》和順《わしゆん》《[ヤワラカニシタカフ]》なれハ、人物《にんもつ》皆《みな》和《わ》順《しゆん》なり。人物《[ヒトモチ]》和順なれハ、吾気《わかき》弥《いよいよ》和順《[ワシユン]》にして、情欲《じやうよく》退《しりぞい》て心躰泰《しんたいやすし》、といへり。復次《またつき》に、私欲《しよく》に耽《ふけり》、利徳《とく》に溺《おほれ》て、構《かまへ》て労《ろう》を人《[ヒト]》に施《ほとこ》し、(巧《タクミ》)て損《そん》を人《[ヒト]》に課《おふす》へからす。縦令《たとひ》其《その》人愚鈍《くどん》にして、其構《そのかまへ》を悟《さと》らす。其巧《たくみ》《〈不知〉》をしらすといふとも、内《[ナイ]》心《[シン]》幾許《そこはく》の罪科《さいくハ》天道《てんとう》我身《わかみ》に外《ほか》(なら)すして、罰《これをはつ》レ之。

観夫《それおもんみる》に、人《[ヒト]》ハ我《[ワレ]》に依《[ヨリ]》て立《たち》、我亦《われまた》人《[ヒト]》を怙《たのみ》て立《たて》り。互《たかい》に因縁《いんゑん》して一家《いつけ》磨《ととのふ》、一国《いつこく》泰《やすし》。誠《[マコト]》に其根《そのね》甚《はなはたふか》《〈ナシ〉》深し。和《ワ》合《かう》何《[ナンソアサカラ]》浅からさら《[ナシ]》むや。天理《[テンリ]》人《ヒト》を隔《へたて》す。一理《[ヰチリ]》の上《[ウヘ]》におゐて自他《じた》《[ワレモヒトモ]》等《ひとしく》立《[た]て》り。是非《せひ》の理《り》誰《たれ》か能知《よくしり》、得失《とく》《[ウルコトウシナウコト]》の源《みなもと》誰《たれ》か能別《よくわかた》む。元来《くワんらい》人《[ヒト]》と我《われ》と内証《ないしやう》差別《しやへつ》なし。故に是《ぜ》非《ひ》得失《とくしつ》を人に譲《ゆつ》るに環《たまき》のことくにして、我《[ワレ]》にかへら《(還)》すといふ事《[コト]》なし。夫《それ》人《[ヒト]》ハ天地《てんち》の中に生《[ウマ]》れて天地《[テンチ]》の心《[コ、ロ]》なり。天地《[テンチ]》ハ辺《かきり》なく極《きわまり》なし。人の姓《せい》《[シヨウ]》《(性)》なんそこれに異《こと》ならむや。故《[カルカユヘ]》に辺《かきる》者《[モノ]》ハ砕易《くたけやすし》、極者《きハまるや》壊《やぶれ》に近《[チカ]》し。若人辺《もしひとかきる》事《[コト]》なく、極《きハまる》事《[コト]》なき則《ときハ》ハ、自然《じねん》に天地の徳に運載《うんさい》《[ハコビノ]》せられて《[セラレテ]》、而后《しかうしてのち》能《[ヨク]》世《よ》を押移《おしうつ》て凝滞《げうたい》《[コリト、コホリ]》せす。人《[ヒト]》と相順《あいしゆん》して逆違《ぎやくい》《[サカラヒタカフコト]》なし。

然《［シカル］》るに世《［ヨ］》ハ定《さため》なし。人《［ヒト］》また常《つね》ならす。一期《いちご》ハ夢《ゆめ》のことし。万事《［ハンコト］》ハ皆非《ミなひ》なり。身心《［ミコヽロ］》の実相《ありさう》《〈シッソウ〉》を《［ナシ］》観《くワんす》《［オモンミル］》るに《［ナシ］》、身心《［ミコヽロ］》ハ倶《とも》に依怙《ゑこ》《［ヨリタル］》する所《［トコロ］》なし。況《いはんや》身の外《そと》《［ホカ］》におゐて憑《たのむ》へき物《［モノ］》なし。頻《しきり》に我を責《せめ》て家職《（カシヨク）》を勉《つとめ》、骨《［ホネ］》を砕《くたき》て農業《［ノウケウ］》を専《［モハラ］》にすへきもの也《［ナリ］》。迚《とて》も化《あだ》にして弃《すて》去《［サル］》へき（此身《［コノミ］》）なり。徒《いたつら》に身を倦《うま》して一生《［ヰチシヤウ］》 自堕落《したらく》に年月《［トシツキ］》を消《ケス》ことなかれ。抑《そも〳〵》 耕《たかやし》て夢 幻《ゆめまほろし》の身命《しんめう》を続《つき》て何 益《なにのゑき》ありとやせむ。外《［ホカ］》ハ渡世活 計《とせノくわつけい》の為《［タメ］》［め］に似《に》たりといへとも、実《しつ》にハ後世《ごせ》の輪廻《りんゑ》を出 離《しゆつり》せんか為《［タメ］》なり。これを一大事《［ヰチタイジ］》といふ。速《すみやかに》 に宜《よろしくう》 有縁《ゑん》の教法《けうほう》に依《［ヨリ］》て、未来《ミらい》の解脱《けたつ》を儲《もふく》へし。夢幻《ゆめまほろし》の身を（以《［モチ］》て）、能 耕《よくたかやし》て夢 幻《ゆめまほろし》の身《［ミ］》を養《やしな》ひ、夢 幻《ゆめまほろし》の身《［ミ］》を〈以下七字ナシ〉育《やしない》《［ハコクミ］》て夢 幻《ゆめまほろし》の身《［ミ］》を厭《いとふ》。所レ作皆《なすところミな》夢 幻《ゆめまほろし》にして、不思議の〈以下十字ナシ〉法門に入則《とき》ハ、実相《しつそう》を証《さとる》へし。耕《たかやす》すも此為《コレ［タメ］》 勉《つとむる》もこの為《［タメ］》なり。豈《あに》身《［ミ］》を粉《こ》にして、骨《ほね》を砕《くたき》て耕《たかや》さらむや。此一大事《［コノヰチタイジ］》の為《［タメ］》に農業《のうげう》を勉《つとめ》、人《［の］》事に交《ましハ》《（は）》り、身《［ミ］》ハ常《つね》に世《［せイ］》路《ろ》艱難《かんなん》の境《さかい》に趍《はしる》といへとも、心は鎮《とこしなへ》に無為《むい》安楽《あんらく》の域《いき》に遊《あそふ》へし。実《まこと》に喜《よろこひ》て耕《〈タガヤ〉》し精《いさミ》て耕《たかや》せよ。農夫《のうふ》の名《な》もなく徳《とく》もなき行状《ありさま》、恭《かたしけなく》 も古《［イニシヘ］》 の聖人賢人《せいしんけんしん》に隣《となり》、外相《［ゲソフ］》を餝《かさ》らす我慢《かまん》なき為 躰《ていたらく》、恐《おそらく》ハ今《［イマ］》の遁世出 家《とんせいしゆつけ》に越《こゑ》たり。

我《われ》幸《さいわひ》に北陸《ほくりく》加陽《かやう》の民家《みんか》に生《[ムマ]》れて四十年《[シジフネンノ]》、身命《しんみやう》を耕作《こうさく》の徳《とく》に寄《よせ》せて立《[タテ]》り。是《[コレ]》併《しかし》天《[ナカラテン]》地《チ》・父母《[フホ]》・国司《こく[シ]》の厚恩《かうおん》なり。然《[シカレハ]》則《すなわチ》我身命《わかしんめう》ハ全《まつたく》く我有《わかう》にあらす。依《[ヨリ]》てこれを諸恩《しよおん》の源《みなもと》に帰《き》し、これを我本仏《わかほんふつ》に信《[シン]まか》す。恩《おん》を爰《こゝ》に報《ほう》し、徳《とく》を爰《こゝ》に喜《よろこぶ》ふ〈慶〉。現当《けんたう》二世の大恩、惣《すべ》て一に貫《つらぬき》、又《[マタ]》溢《あふれ》て万《[ヨロツ]》に流《なかれる》。依て毫《ふて》を採《とりほれ》耄て是を書《かく》く。語《ことハいやしくぎ》卑義頑《かたくなし》。是土《と》民《[みん]》の天性風俗《てんせいふうぞく》なり。卒尓《そつし》に農民《[ノウミン]》の意趣《いしゆ》を記《しるし》て、四五童に与《あとふの》而已。

于時元禄丁丑十年仲春下旬［以下欠］

〈文政七甲申歳三月下旬ニ書〉

百姓某申之

※石川県小松市金平町の石黒有生氏所蔵本には「藺《キ》」とある。

付録三　家久弁

凡　例

◇本書は、石川県白山市上吉谷町、故東藤清三（現在は富士雄）家旧蔵である。

◇なるべく原本に忠実であることを原則としたが、適宜段落を区切り、異体文字および誤字を正字に改めるなど、若干の変更を加えた。

家久弁

外見無用

　抑《ソモ〳〵》当村《タウムラ》道場《ダウヂヤウ》役《ヤク》ハ四良右衛門《シロヱモント》五良兵《ゴロヒヤウ》　衛《ヱ》(マヽ)与二《トニ》斬《ケン》ニテ、四良右エ門《シロヱモン》門徒《モント》五良兵衛《ゴロベイ》門徒《モント》トワケテ相勤《アイツトメ》　候所《サフラウトコロ》、四良右《シロヱ》エ門《モン》身上《シンシヤウ》不如意《フニヨイ》ニ相成《アイナリ》段々《ダン〳〵》零落致《レイラクイタシ》、ソレニシタガイ心《コヽロ》モアシク成《ナリ》、強《アナガチ》ニ口《クチ》ニテ物《モノ》ヲ貪《ムサボ》ラネ供《ドモ》心《コヽロ》ニムサボリ有《アリ》シ故《ユヘ》ニ歟《カ》、何《ナニ》トナク人《ヒト》ニ飽《アカ》レケン、道場《ダウヂヤウ》役取上《ヤクトリアゲ》ラレ、門徒《モント》ハ五良兵衛《ゴロヘイ》エツキテ、夫《ソレ》ヨリ道場《ダウヂヤウ》　一斬《キチケン》(マヽ)ト成《ナル》。于《ニ》レ時五良兵衛《ゴロベイ》自分《ジブン》ノ名又《マタ》三郎《サブロ》ト云人《イフヒト》、身《ミ》持放埒《モチハウラツ》ニシテ博痴《バクチ》ヲ好遊女《コノミユウジョ》エ通《カヨイ》、或《アルヒ》ハ富突抔《トミツギナド》ニハマリテ御堂《ミドウ》ノ二時《ニジ》ノ勤《ゴン》行《ギヤウ》モツトメズ、役議《ヤクギ》ヲソバサマニイタシ仏《ホトケ》ヲ恭敬《ウヤマフ》《クキヤウ》コトヲ知《シラ》ズ。唯我好《タヾワガスキ》ナル事《コト》バカリヲ成《ナシ》テ日《ヒ》ヲ送《ヲク》リシ所《トコロ》、段々《ダン〳〵》衰微《スイビ》シテ、手次《テツギ》ノ奉加銀《ホウガギム》ヲ村方《ムラカタ》ヨリ取立《トリタテ》、是《コレ》ヲ私用《シヤウ》ニ遣《ツカイ》テ上《アゲ》ズ、是咎《コノトガ》ヲ以道場役《モツテダウヂヤウヤク》ヲ取上《トリアゲ》ラレ段々《ダン〳〵》零落《レイラク》シテ、終《ツイ》ニ其家亡《ソノイエホロビ》タリ。

サテ、道場役《ダウヂヤウヤク》ハ十人頭五《ジフニンガシラゴ》人《ニン》理右エ門 四郎左エ門 又兵衛 庄兵衛 八左エ門也ニ予《アヅケ》ラレ月番《ツキバン》ニテ相勤来《アイツトメキタリ》此間年数 相知不申候所《サフラウトコロ》、其後村方《ソノノチムラカタ》ヨリ五兵衛倅《セガレ》長右エ門ト申者《マウスモノ》ニ道場役被《ダウヂヤウヤクラレ》二仰附《オホサツケ》一候様《サフラウヤウ》ニト、村一統連印《ムラヰチトウレンイン》ニテ相願申候得《アイいガヒマウシサフラエ》共《トモ》、手次《テツギ》ニハ御聞屈《オンキヽトヾケ》ナクシテ、院主直状《インジユジキジヨウ》ヲ使僧《シソウ》ニモタせ御送《オンオクリ》コレアリ。其紙面《ソノシメン》ニ其村道《ソノムラダウ》場役清兵《ヂヤウヤクせイヘ》衛《イ》エ申附者也《マウシツクルモノナリ》ト有《アリツ》テ、従《ヨリ》レ夫勤来《ソレツトメキタリ》シ也。則予《スナハチヨ》ガ祖父《ソフ》法名清珍《ホウミヤウシヤウチン》也。予《ヨ》ニ至《イタリ》テ三代《サムダイ》ナリ。是吾祖《コレワガソ》父《フ》望《ノゾマ》ズトイヘドモ此役《コノヤク》ヲ蒙《カフムル》コト誠《マコト》ニアリガタキ事《コト》ナリ。

コレニヨリ《ツ》テ道場役《ダウヂヤウヤク》ヲ勤《ツトメ》ルハ甚大切《ハナハダタイセツ》ナコトナレバ、大事《ダイジ》懸《カケ》テ勤《ツトム》ベキコトナリ。吾祖《ワガソ》父《フ》ハ二時《ニジ》ノ勤行《ゴムギヤウ》ハ真当《マツタウ》ニ相勤《アヒツトメ》ラレシガ、心《コヽロ》ヅカズ哉《ヤ》、毎朝御《マイテウオ》《アサゴト》仏《ブ》供備《クヲソナヘ》ザルコトコレアヤマリナリ。抑《ソモ〳〵》仏《ホトケ》ヲ安置《アンチ》シテハ毎朝御《マイテウオ》仏《ブ》供《ク》ヲ備《ソナヘル》ハ当前《アタリマヘ》ナリ。コレニ依《ヨリ》テ村方惣礼《ムラカタソウライ》ノ仏成故《ホトケナルユヘ》、村《ムラ》方《カタ》ヨリ仏供典《ブクデン》トシテ山《ヤマ》ヲ附置《ツケオク》ナリ。是毎朝《コレマイテウ》ノ御仏供料《オンブクレウ》ナリ。コレニヨリ《ツ》テ毎朝御《マイアサオ》仏供《ブク》ヲ備《ソナヘ》ザルトキハ、此山《コノヤマ》ヲ唯取《タヾトリ》ニスルトイフモノナリ。此罪軽《コノツミカロ》カラズト覚《オボユ》ルナリ。サレドモ此《コノ》事心《コトコヽロ》ヅカズ。先道場《センダウヂヤウ》ヨリ如《ゴトク》レ是《カクノ》ナル故《ユヘ》ニ何心《ナニゴヽロ》ナク打過《ウチスギ》タルトミエタリ。我不図《ワレフト》是《コレ》ヲ思《オモヒ》ツキシヨリ以来毎朝 怠《コノカタマイアサオコタリ》ナク備《ソナヘ》ルナリ。

サテ、道場《ダウヂヤウ》ヲ勤《ツトメ》ル心 持 甚 大事《コヽロモチハナハダダイジ》ナリ。道場《ダウヂヤウ》ハ役料《ヤクレウ》モナシ給銀《キウギムモ》ナシ。無料《ムリヤウ》デ勤《ツトメ》ル者故肝《モノユヘキモ》煎《イリ》ナドトハ至《イタリツ》テ列《レツ》ノヨキ者《モノ》ナリ。依《ヨリツ》テ仏事《ブチジ》ノ外《ホカ》ニテモ上 座《シヤウザ》ニ居事昔《イルコトムカシ》ヨリ村格《ムラカク》ナリ。又道場《マタダウヂヤウ》ハ坊主《バウズ》ノ方《カタ》ナレハ、坊主俗人《バウズハゾクジン》ヨリ下座《シモザ》ニハ居《オ》ラヌモノナリ。此儀《コノギ》ヲ以 歟古来《モツテカコライ》ヨリ道場《ダウヂヤウ》ハ一村《ヰチソン》ノ首座《シュザ》ナリ。外役人《ホカヤクニン》ハ横座《ヨコザ》ナリ。道場《ダウヂヤウ》ハ向座《ムコザ》ナリ。若末《モシスヘ》ノ代《ヨ》ニ至《イタリツ》テ村役人等座《ムラヤクニントウザ》ヲ

争《アラソフ》コトアラバ、婚礼諸事《コムレイシヨジ》ノ祝儀《シウギ》ノ席《セキ》ヘハ出《イデル》コトアルベカラズ。是身《コレミ》ヲタカブルニアラズ。村格戻《ムラカクモドカ》ズ、役《ヤク》ヲ持《モチ》サゲザルタメナリ。此故《コノユヘ》ニ至《イタリツ》テ心《コヽロ》ヲヒクモチテ、緩 怠成振舞堅《クワンタイナルフルマイカタ》クイタスベカラズ、夫公儀《ソレコウギ》向《ムキ》ノ役人《ヤクニン》ハ人《ニン》エツキ《ク》、道場《ダウヂヤウ》ハ家《イエ》エツク。是寺《コレテラ》ノ属《ゾク》ナル故《ユヘ》ナリ。然《シカレ》ドモ其人悪《ソノニンアシキ》トキハ寺《テラ》ヨリモトリアゲル。又門徒《マタモント》ヨリ寺《テラ》ヘ願《ネカフ》テアゲルモ有《アリ》。依《ヨリツ》テ身《ミ》モチ心《コヽロ》モチガ

大事《ダイジ》ナリ。

抑《ソモ〳〵》、家《イエ》ヲ持者《タモツモノ》ハ其本《ソノモト》ヲ知《シリツ》テ其恩《ソノオン》ヲ報《ホウ》スル心絶《コヽロタエ》ズ。先守護《マツシユゴ》ハ民百姓《タミシヤクシヤウ》ヲ大事《ダイジ》ニシ憐《アワレミ》ヲ垂給《タレタマフ》ナリ。是民《コレタミ》ノ恩《オン》ヲ知《シリ》タマフトイフモノナリ。其民《ソノタミ》ヲ与給《アタヘタマフ》ハ公《キミ》ナリ。コレガ恩《オン》ノ本《モト》ナリ。此恩《コノオン》ヲ知《シリツ》テ能仕給《ヨクツカヘタマフ》ヲ明将《メイシヤウ》トイフ。民《タミ》ノ難儀《ナンキ》ヲ顧《カヘリミ》ズ責《セメ》せタゲテ、物《モノ》ヲ取上《トリアゲ》テ身《ミ》ヲ奢《オゴリ》テ金銀《キムギム》ヲ費《ツイヤ》シ、君《キミ》ニ仕《ツカヘ》ルニ　君《キミ》ノ威《イ》ニ恐《オソレ》、是非《ゼヒ》ナク仕《ツカヘ》テ恩《オン》ヲシラザルユヘ忠《チウ》ノ心《コヽロ》ナシ。コレヲ愚将《グシヤウ》トイヒテ家《イエ》ノ亡基《ホロヒルモトヒ》ナリ。商人《アキント》ハ其店《ソノミセ》エ立寄者《タチヨルモノ》ヲ大事《ダイジ》ニ懸《カケ》、其恩《ソノオン》ヲ知《シリツ》テ喜敬者《ヨロコビウヤマウモノ》ハ、見世《ミセ》繁昌《ハンジヤウ》シテ其家富栄《ソノイエトミサカヘ》ルモノナリ。百姓《シヤクシヨウ》ハ高《タカ》ガ本《モト》也。依《ヨリツ》テ高《タカ》ヲ惜《オシミ》テ売《ウラ》ズ。銀《カネ》ニ行当《ヨキアタリ》迷惑《メイワク》スルトキハ、借銀《シヤクギム》シテモ高《タカ》ハウラズ。若又《モシマタ》利足《リソク》ノ算用《サンヤウ》デ借銀《シヤクギム》ヲ嫌《キラフ》トキハ、家諸道具《イエシヨダウグ》ヲ売《ウリツ》テ高《タカ》ハウラズ。是百姓《コレヒヤクシヤウ》ノ本《モト》ヲ知《シリツ》タト云者也《イフモノナリ》。サレドモ高《タカ》ヲ惜《オシム》ハ欲心《ヨクシム》ヲ以《モツテ》惜《オシム》ベカラズ。先《セン》祖《ゾ》代々《ダイ〳〵》伝《ツタハリ》テ親《オヤ》ヨリ渡《ワタシ》タル物《モノ》ナレバ、吾物《ワガモノ》ト思《オモフ》ベカラズ。預物《アヅカリモノ》ト心得《コヽロエ》タラバ聊尓《レウジ》ニ売《ウル》コトハ成《ナリ》ガタキ事也《コトナリ》。尤家《モツトモカ》財《ザイ》モ同事《オナジコト》ニ先祖《センゾ》ヨリ伝《ツタハリ》タル物《モノ》ナレドモ、是《コレ》ハ浮物《ウキモノ》デ火《ヒ》ニ焼或《ヤケアルヒ》ハ損《ソン》ジテ、末代《マツタイ》マテトゞク物《モノ》ニアラザレバ、栄耀《エヤウ》ニハウラネドモ、高《タカ》ウルカ家売《イエウル》カト云《イフ》トキハ、家《イエ》ヲウルナリ。サレドモ愚成者《オロカナルモノ》ハ其本《ソノモト》ヲシラザレバ、ソノ恩《オン》ト云《イフ》コトモ知《シ》ラズ。只《タヽ》今我得《イマワガエ》手《テ》ノヨイヤウニスルモノナリ。コレ本《モト》ノ恩《オン》ヲ知《シラ》ヌユヘナリ。依《ヨリッ》テ物《モノ》ヲ聞《キヽ》毎《コト》ヲ習《ナラハ》ネバナラヌ。世間《セケン》ヲ見《ミル》ニ、高《タカ》ノナキ者《モノ》ハ我住家《ワガスムイエ》スル所《トコロ》モナシ。況《イハンヤ》樹木一本作《ジユモクヰチホンツク》ラレズ、兎角不《トカクフ》自由《ジユウ》ナ事《コト》ナリ。町人《テウニン》デサヘ地《チ》ハ惜《オシ》ガル者《モノ》ジヤ。然《シカレ》バ高《タカ》ヲ持《モツ》コトハマコトニ仕合《シアハせ》ヨシキ喜《ヨロコブ》ベキコトナリ。此喜《コノヨロコビ》ニツケテ、国司《コクシ》・親《オヤ》・先祖《センゾ》ノ恩《オン》ヲ知《シリッ》テ高《タカ》ヲ能持《ヨクタモチ》テ能耕者《ヨクタガヤスモノ》コソ恩《オン》ヲ報《ホウ》ズルト云《イフ》モノナリ。唯欲心《タヾヨクシム》ハカリニテ高《タカ》ヲ惜耕作《オシミカウサク》スル者《モノ》ハ恩《オン》モ知《シラ》ズ喜《ヨロコビ》モナシ。又後生《マタゴシヤウ》ノ一大事《キチダイジ》トイフコトモ知《シラ》ズ。一生徒《キチシヤウイタヅラ》ニタテ果《ハタ》シテ、此身《コノミ》ヲアタニシテ棄《ステ》ルハ惜事也《オシキコトナリ》。

サテ惜《オシム》トイヘハ、物《モノ》ニ執著《シフジヤク》スルコト、コ、ロエルト間違《マチガイ》ナリ。物《モノ》ニ執著《シフジヤク》スルハ人間《ニンゲン》ノ愚《グ》癡《チ》ナリ。持時《タモツトキ》ハ正持《タマシクタモチ》、放時《ハナツトキ》ハ速《スミヤカ》ニ放《ハナス》ベシ。花《ハナ》モ心地《コヽチ》ヨク散花《チルハナ》ハ人賞翫《ヒトシヤウクワン》スル也。執著《シフジヤク》シテ木《キ》ニ腐付花《クサリツクハナ》ハ人用《ヒトモチヒ》ズ。コレヲ以《モッテ》シルベシ。サテ道場《ダウヂヤウ》ヲ勤《ツトメ》ルモ其本知《ソノモトヲシリ》、其恩知《ソノオンシリッ》テ徳《トク》ヲ報《ホウ》ズル心ナクテハ叶《カナフ》ベカラズ。其本《ソノモト》トイフハ如来《ニヨライ》ナリ。本《モト》ヲ知者《シルモノ》ハ必末《カナラズスヘ》ハ知《シル》ナリ。

村方《むらかた》ヨリ物《モノ》ヲ上《アゲ》ルハ仏《ホトケ》ヘ上《アゲ》ルナリ。是《コレ》ヲ備《ソナヘ》テ御勤《オツトメ》ヲスルハ道場《ダウヂヤウ》ノ役《ヤク》ナリ。仏《ホトケ》ヘ上物《アガルモノ》ハ、仏《ホトケ》ノ御守《オモリ》スル者《モノ》へ仏《ホトケ》ヨリクダサル、ナリ。必勤《カナラズツトメ》タル賃《チン》トハ心得《コヽロウ》ベカラズ。コノ故《エヘ》ニ仏《ブチ》ノ恩《オン》ヲ知筈《シルハヅ》ナリ。是恩《コレオン》ノ本《モト》ナリ。仏《ホトケ》ノ恩《オン》ヲ知者《シルモノ》ハ人《ヒト》ノ恩《オン》モヨク知《シル》ナリ。コレ恩《オン》ノ末《スヘ》ナリ。仏《ホトケ》ノ恩《オン》ヲ能知《ヨクシリ》《ッ》テ能勤《ヨクツトメ》能恭敬《ヨクウヤマフ》、是《コレ》ヲ徳《トク》ヲ報《ホウ》ズル躰《タイ》トス。此心《コノコヽロ》常《ツネ》ニ有《アリ》《ッ》テ忘《ワスレ》ザルヲ憶念《オクネム》トイフ。コノ憶念《オクネム》ナキトキハ、同行中《ドウギヤウジウ》ヨリ物《モノ》ノ上《アゲ》ヤウガ鮮《スクナヒ》ト思心《オモコヽロ》ガ発《ヲコル》。ソノ憶《オモヒ》ヲツヽメドモ、自然《ジネン》ト人《ヒト》ノ心《コヽロ》エウツリテ、言《イ》ハズ聞《キカ》ズニ人知也《ヒトシルナリ》。コレ恥敷《ハヅカシキ》コトナリ。其《ソノ》オモヒ重《カサナリ》テ、後《ノチ》ニハ物《モノ》ヲ上《アゲ》ル様《ヤウ》ニ仕掛《シカケ》ヲスルヤウニ成《ナル》。ソレガ段々《ダン〳〵》重《カサナル》ト口《クチ》ニ顕《アラハシ》テイフヤウニ成《ナル》。是信施《コレシンセ》ヲ貪《ムサボル》トイヒテ甚深罪《ハナハダフカキツミ》ナリ。又其家《マタソノイエ》ノ亡《ホロビ》ル時至《トキイタリ》タリト思《オモフ》ベシ。最初《サイシヨ》ハタヾ人《ヒト》ニシラせズ心《コヽロ》ニ思《オモフ》タガ元成《モトナリ》テ、ソレガ段々長《ダン〳〵チヤウ》ジテカヤウニ成行《ナリユキ》モノナリ。慎《ツヽシム》ベシ、恐《オソル》ベシ。亦道場《マタダウヂヤウ》ヲ勤心《ツトメルコヽロ》ノ元《モト》ト云《イフ》ハ、欲徳《ヨクトク》ニテツトメルニモアラズ。人《ヒト》ノ上座《シヤウザ》ヲ望《ノゾミ》テ勤《ツトメ》ルニモアラズ。因縁《インエン》ニヨリ《ッ》テ村捴礼《ムラサウライ》ノ仏《ホトケ》ノ御守《オモリ》ヲ致《イタス》コト、誠《マコト》ニ前世宿縁《ぜンぜノシフエン》アサカラズト思《オモ》ヘバ、アリガタキコトニハアラズ哉《や》。仏《ホトケ》ニ縁有《エンアル》コソ人間《ニンゲン》ノ本意《ホンイ》ナレ。是《コレ》ヲ思《オモヘ》バ能々《ヨク〳〵》大切《タイセツ》ニ思《オモイ》、大事《ダイジ》懸《カケ》テ勤《ツトム》ベキコトナリ。唯村方《タヾムラカタ》ノ人《ヒト》ト馴合《ナレアヒ》、能恩《ヨクオン》ヲ知《シリ》《ッ》テ人《ヒト》ヲ敬《ウヤマヒ》、仮染《カリソメ》ニモ嘘偽《ウソイツハリ》ヲ言《イフ》ベカラズ。是《コレ》ハ道《ダウ》場《ヲヂヤウ》勤《ツトメル》者《モノ》ニモカギラズ、誰々《タレ〳〵》モ止《トヽム》ベキコトナリ。

元来人間《グワンライニンゲン》ノ疑《ウタガヒ》トイフハ嘘偽《ウソイツハリ》ガ有故《アルユヘ》ナリ。若人《モシヒト》ニ嘘偽《ウソイツハリ》ナクバ何《ナニ》ヲ以《モッテ》疑《ウタガフ》ベキ哉《ヤ》。サテウソトイフハ、ナイコトヲ有《アル》トイヒタリ有《アル》コトヲナヒトイフガウソナリ。又心《マタコヽロ》ニ慮《オモハ》ヌコトヲイフモ嘘《ウソ》ナリ。然《シカ》レ共此嘘《ドモコノウソ》ハカヘリテ真《マコト》ト成《ナル》。イカナレバ嬉《ウレシ》ナイコトヲ嬉《ウレシ》ヤトイヒテ慶《ヨロコビ》、美《ム》味《マフ》ナイ物《モノ》ヲ美《ム》味《マ》ヒトイヒテ誉《ホメ》、或《アルヒ》ハ倦《モノウキ》コトヲ倦《モノウ》ナイトイフ。皆是心《ミナコレコヽロ》ト口《クチ》ト違《チガヘ》ハウソナリ。サレ共此《ドモコノ》ウソハ世《ヨ》ニナケレバナラヌウソナリ。依《ヨリッ》テ浮世《ウキヨ》デハコレヲ真《マコト》トスルナリ。此嘘《コノウソ》ハ我一人《ワレヰチニン》ノウヘニオイテ、心《コヽロ》ト口《クチ》ノタガヒナレハ、他《タ》ノ人《ヒト》ヘカヽラヌコトナリ。此嘘《コノウソ》ナキトキハ法《ホフ》ニ背《ソムキ》礼《レイ》ヲ失《ウシナフ》ナリ。依《ヨリッ》テ偽《イツハリ》ナレ共真《ドモマコト》ナリ。

然《シカレドモ》共コレハ浮世《ウキヨ》ノコトナリ。心口《シムク》各違《カクイ》ハ仏法《ブチホフ》ニハナキコトナリトアレハ、必《カナラズ》此《コノ》埒《ラチ》ヲ乱《ミダラ》スベカラズ。仏法《ブチホフ》ハ心《コヽロ》ノマヽヲカザラズ、ツクラフハズ。口《クチ》ヘ出《イダ》スガ、マコトニ後生《ゴシヤウ》ガ心《コヽロ》ニカヽルトイフモノナリ。心口《シムク》各違《カクイ》ノ者《モノ》ハ後《ゴ》ノ大事《ダイジ》ハ心《コヽロ》ニ懸《カヽ》ラズ。唯《タヾ》仏法《ブチホフ》ヲ慰《ナグサミ》半分聞《ハンブンキク》ナリ。何《ナニ》ノ為《タメ》ナルゾオカシキコトナリ。

サテ又村方《マタムラカタ》ノ人人《ヒトビト》ヨリ物《モノ》ノ上《アガル》ニ、其家柄《ソノイエガラ》ヨリ多《オホヒ》モ有 鮮《アリスクナキ》モ有《アル》ナリ。其《ソノ》トキ其多《ソノタ》少心《セウコ、ロ》ガニ思《オモハ》ル、。コレ凡夫生《ボムブノシヤウ》得《トク》ニテ、此心《コノコ、ロ》ヲ止《ヤメ》ルコト相《ア》ヒカナハズ。能々《ヨク〱》ツタナキ生《ムマレ》ツキナリ。サレドモ色《イロ》ヘハ少《スコシ》モイタスコトナラズ。前《マヘ》ニ云嘘《イフウソ》ハ此時《コノトキ》ノ入用《イリヤウ》ナリ。陰《カゲ》ニテ人《ヒト》ノ噂《ウハサ》ヲキクニ、他《タ》ノ人ガ彼人《アノヒト》ニハソレハ鮮《スクナヒ》ノ多《オホヒ》ノト云《イフ》モノナリ。其場《ソノバ》ニ居合《イアワシ》テモ吾《ワレ》ハ必《カナラズ》イフベカラズ。唯《タヾ》（ママ）除《ヨ》ノ咄《ハナシ》ヲシテマギラカスヤウニ心《コ、ロ》ヲモツベシ。其《ソノ》トキ我斗《ワレバカリ》デモナイ、人《ヒト》モソウ思《オモフ》トハ思《オモフ》ベカラズ。人《ヒト》ハ其《ソノ》コトニツイテ欲徳《ヨクトク》ナシ。吾《ワレ》ニハ欲徳有故《ヨクトクアルユヘ》ニ堅《カタ》ク言コト無用《ムヤウ》ナリ。

サテ恩知《オンヲシル》ニ本末有《ホンマツアリ》《モトスヘ》。木《コ》ノ実《ミ》ニ喩《タトヘ》テシルベシ。菓《コノミ》《クダモノ》ハ木《キ》ノ小条《コエダ》ニ登物《ナルモノ》ナリ。然《シカル》トキハ菓《コノミ》ヲ取《トル》ハ小《コ》条《エダ》ノ恩《オン》ナリ。然《シカレ》ドモ、ソノ実《ミ》ノ登情《ナルセイ》ハ本《モト》ヨリ上《アガリ》テ花咲実《ハナサキミ》ヲムスブコトナリ。シカラバ菓《コノミ》ヲ取恩《トルオン》ハ本《モト》ニ有《アル》カトイヘバ、枝《エダ》ヲ伐《キリッ》テ取《トレ》バ亦実登《マタミガナラ》ヌ。依《ヨリッ》テ本《モト》カトイヘバ、条々《エダエダ》カト云《イヘ》ハ本《モト》ナリ。然共枝《シカレドモエダ》モ条《コエダ》モ葉《ハ》モ華《ハナ》モ実《ミ》モ皆根《ミナネ》本《モト》ガモツ。此故《コノユヘ》ニ本《モト》トイフウチニハ枝葉《エダハ》ハ籠《コモレ》ドモ、枝《エダ》トイヘバ枝斗《エダバカリ》 実《ミ》トイヘバ実《ミ》斗《バカリ》ナリ。此道理《コノダウリ》ヲ以《モッテ》知《シル》ベシ。此道理《コノダウリ》ヲ知《シラ》ザルトキハ、本《モト》トイヘバ本《モト》バカリヘ心《コ、ロ》ヲツケ、末《スエ》トイヘバ末《スヘ》バカリヘ心《コ、ロ》ガツクナリ。是何《コレナニ》ユヘナレバ真《マコト》ノ本《モト》ヲ知《シラ》ヌユヘナリ。マコトノ本《モト》トイフハ仏《ホトケ》ノ御《ゴ》恩《オン》ナリ。コノ恩《オン》ヲ知者《シルモノ》ハ万《ヨロヅ》ノ恩《オン》ヲ能知《ヨクシル》ナリ。現当二世《ゲンタウニセ》ノ大恩総《ダイオンスベ》テ一《ヒトツ》ニ貫《ツラヌキ》、又溢《マタアブレ》テ万《ヨロヅ》ニ流《ナガル》ト古人《コジン》ノ曰《イヘリ》。人間《ニンゲン》ニハ国王《コクワウ》ノ恩《オン》、国土《コクドノ》恩《オン》、父母《チヽハヽ》ノ恩《オン》、衆生《シウジヤウ》ノ恩《オン》、コレヲ四恩《シオン》ト号《ナヅク》。此四《コノヨツ》ノ恩《オン》ヲ蒙《カフム》ラヌ者《モ》ハナケレドモ、其恩《ソノオン》ヲ知《シリッ》テ報《ホウ》ズル心《コヽロ》ノ有《アル》ガ大切《タイセツ》コトナリ。何故大切《ナニユヘタイセツ》ナトイフニ、仏《ホトケ》ノ恩《オン》ヲ知《シラ》ヌユヘナリ。本《モト》ヲ知《シレ》バ一一《ヰチ〳〵》知《シル》ニハアラネドモ、知《シラ》ズ覚《オボエ》ズ万《ヨロヅ》ニ流《ナガレ》渡《ワタル》ナリ。

唯仏法《タヾブチホフ》ニ心《コヽロ》ヲトヽメテ信《シン》ジ奉《タテマツ》ルコソ、人間《ニンゲン》ニ生《ムマレ》タル本意《ホンイ》ナレ。御文《オンフミ》ニ、往生極楽《ワウジヤウゴクラク》ヲ一《ヰチ》定《ジヤウ》シ、ソノノチ人間《ニンゲン》ノアリサマニマカセテ世《ヨ》ヲスゴスベキコト肝要《カンヤウ》ナリト、ミナ〳〵コヽロウベシトアレバ、ヨク〳〵心《コヽロ》ヲコヽニトヽメテ、我心《ワガコヽロ》ノ道《ミチ》ニ背《ソムキ》タル人我《ニンガ》ノ強《ツヨキ》コトヲ見《ミ》ツケテ恐《オソレ》アヤマリ、唯《タヾ》ヨク我非《ワガヒ》ヲ知《シレ》ト有《アル》ガ教《ヲシヘナリ》也。又教《マタヲシヘ》ノ道《ミチ》ヲ習《ナラフ》トテ、知《シリッ》タコトヲ我《ワガ》モノニシテ憍慢《ケウマン》ノ心《コヽロ》、甚敷《ハナハタシキ》ハ、邪道《ジヤダウ》トイフモノナリ。ヨク〳〵恐《オソル》ベシ。人《ヒト》ハタヾ心《コヽロ》ノ落著《ヲチツキ》バカリナリ。心《コヽロ》ノ落著《ヲチツキ》トイフハ心《コヽロ》ノノボラヌコトナリ。身《ミ》ニ譬《タトヘ》テイヘバ、木心《キノシム》ヘノボレバ落《ヲチル》トイフ気遣《キヅカイ》アリ。地《チ》ヲ踏《フン》デ居《オル》トキハ何《ナニ》モ気遣《キヅカイ》ナシ。心《コヽロ》モ落著《ヲチツケ》ハ何《ナニ》モ気遣《キヅカイ》ナシ。

禍《ワザハイ》モ福《サイハイ》モ来儘《キタルマヽ》ニテ、禍《ワザハイ》ヲ去《サラン》トオモハズ、福《サイハイ》ヲ招《マネカ》ズ。禍福共《クワフクトモ》ニ前業《ゼンゴフ》ノ成所《ナストコロ》ナレバ、去《サラン》トスレ共《ドモ》去《サラ》ス。招共《マネケドモ》来《キタラ》ズト能心《ヨクコヽロ》ニ得《エ》テ、只今《タヾイマ》ヲ大事《ダイジ》ニ懸《カケ》、悪事《アクジ》ヲ行《ヲコナハ》ズ、善《ゼン》ヲ好《コノミ》テ日《ヒ》ヲ送《ヲクル》ベシ。然共《シカレドモ》心《コヽロ》ニ好《コノン》デ身《ミ》ニ行《ヲコナハ》ザレバ何《ナニ》ノ益《エキ》モナシ。悪《アク》ハ嫌《キラフ》トイヘ共《ドモ》、心《コヽロ》ニ合善《アフゼン》ハ好《スク》トイヘドモ心《ココロ》ニ合《アハ》ズ。此故《コノユヘ》ニオモハズ知《シラ》ズ悪《アク》ハ作《ツクル》。善《ゼン》ハ忘《ワスレ》テ作《ツク》ラヌモノナリ。コヽヲ能知《ヨクシリッ》テ毎《コト》ヲ行《ヲナフ》(マヽ)ベシ。人間万事《ニンゲンバンジ》塞王《サイワウ》ガ馬《ムマ》デ、ヨキガヨキヤラアシキガアシキヤラト思《オモヘ》バ、ヨキコト有《アリッ》テモ喜《ヨロコブ》ニモアラズ。アシキコト有《アルッ》テモ歎《ナゲク》ニモアラズ。如《ゴトク》レ是《カクノ》ワガ身《ミ》ヲ慮《オモヘ》バ、他《タ》ノ人《ヒト》ノヨキコトヲミテ羨《ウラヤム》コトモナシ。アシキコト有《アル》ヲ見《ミ》テ、ヨイキミガルコトモナシ。如何《イカ》ナレハ、アシモヨキヤラアシキヤラト思《オモヘ》バナリ。唯我心《タヾワガコヽロ》サヘ能知《ヨクシレ》バ、人《ヒト》ノ心《コヽロ》モ知《シレ》ルモノナリ。人《ヒト》ノ心《コヽロ》ヲ知《シレッ》リテ人《ヒト》ノ為《タメ》ノヨキヤウニトハカラフコソ人間《ニンゲン》ナレ。人《ヒト》ノ心《コヽロ》モ知《シラ》ズ、唯我勝《タヾワガカッ》手ノヨキヤウニ斗《バカリ》為者《スルモノ》ハ、人道《ニンダウ》ヲ知《シ》ラヌユヘナリ。人道知《ニンダウシラ》ヌ者《モノ》ハ仏法《ブチホフ》ヲ信《シン》ズル心《コヽロ》ナクシテ、タヾ今生《コムシヤウ》ノ事《コト》而已《ノミ》ニ執著《シフヂヤク》シテ、何事《ナニゴト》モ我為事《ワガナシワザ》ニテ出来様《デキルヤウ》ニ思《オモヒ》テ、人我《ニンガ》強《ツヨク》欲深《ヨクフカ》ク、人《ヒト》ト争《アラソヒ》テ負《マケ》マイト張合《ハリアヒ》、勝《カタン》ガ為《タメ》ニ有《アリッ》タコトヲナイト云《イヒ》、ナイコトヲ有《アリッ》タトイヒ、或《アルヒ》ハアシキコトヲ人《ヒト》ニ譲《ユヅリ》、人《ヒト》ノイハヌコトヲイフタト云《イヒ》。兎角《トカク》ワキカラハ聞《キカ》レヌ見苦《ミグルシキ》コノ（ママ）ナリ。是《コレ》ヲ愚人《グニン》トイフナリ。仏法《ブチホウ》ヲマコトニ尊信《タフトミシン》ズルトキハ、心柔和《コヽロニウワ》ニシテ人《ヒト》ト諍《アラソ》ハズ。欲有《ヨクアリ》トイヘドモ軽《カロ》シ。物《モノ》ヲ惜《オシメ》ドモ又放放《マタハナレハナシ》テ、亦執著浅《マタシフジャクアサ》シ。是皆柔和成故《コレミナニウワナルユヘ》ナリ。亦我子《マタワガコ》ヲ初《ハジメ》誰々《タレ〳〵》ニヨラズ、物《モノ》ニカタガリナキヤウニハカラフベシ。カタガリノ有《アル》ヲ、片身《カタミ》恨《ウラミ》トイヒテ、甚人《ハナハダヒト》ノ恨《ウラメル》モノ也《ナリ》。依《ヨリ》テ《ツ》能々機《ヨク〳〵キ》ヲツケテハカラフベシ。人《ヒト》ノ怨腹立《ウラミハラタテ》ルコトハ、必《カナラ》ズ吾身《ワガミ》ノタメアシク、慶《ヨロコフ》コトヲ為《スル》ハ我身《ワガミ》為《タメ》ヨシトミヱタリ。コレニヨツテ、若人吾《モシヒトワレ》ニアシキコトヲ為《ナス》トモ、敢怨憤《アエテウラミイキドヲル》コトナカレ。腹立《ハラタテ》タリ恨《ウラメ》タリスルト、向《ムカフ》ノ人其怨《ヒトソノウラミ》ニヨツテ其身《ソノミ》アシカルベシ。其罪又吾《ソノツミマタワレ》ヘ来《キタル》ベシ。然共《シカレドモ》、腹《ハラ》ノ立《タツ》トキハドウモ止《ヤメ》ラレヌモノナリ。サレドモ心《コヽロ》ヲシヅメテ機《キ》ヲメグラシテミレバ、コレハ我愚癡《ワレグチ》ナリ。我《ワレ》ト我心《ワガコヽロ》ヲ苦《クルシメ》テ何《ナニ》ノ益有《エキアリ》ヤト思直《オモヒナヲ》セバ、サノミ腹《ハラ》モ立《タヽ》ヌモノナリ。腹《ハラ》タヽネバ怨《ウラミ》モナキ道理《ダウリ》ナリ。是《コレ》ヲ教《ヲシヘ》ヲ聞詮《キクセン》トス。

道場役《ダウヂヤウヤク》ヲ勤者《ツトメルモノ》ハ、村方《ムラカタ》ニ一人《キチニン》ニテモ中悪者有《ナカアシキモノアリ》テ《ツ》ハナラヌ。サスレバ、少《スコシ》ノコトニモ腹《ハラ》ヲ立《タテ》、憤《イキドヲ》ルヤウナコトデハ勤《ツトメ》ニクイ。唯何事《タヽナニゴト》モ聞捨見《キヽステミ》流《ナカシ》テ、如何《イカ》ニモ人々《ヒト〴〵》ト中能《ナカヨク》睦《ムツマジク》ユクベシ。然《シカレ》ドモ、人《ヒト》ニハ我機《ワガキ》ニ入者《イルモノ》ト、機《キ》ニイラヌ者《モノ》トガ有《アル》モノナリ。ソレハ内心《ナイシム》ノコト。表向《オモテムキ》ハ同《オナジ》コトニスベシ。物《モノ》ノカタガリトイフハコ、ニ有《アル》ナリ。此機《コノキ》ニ入《イル》、入《イラ》ヌヲ表《ヲモテ》へ顕《アラハ》スガカタガリナリ。内心《ナイシム》ヲ外《ホカ》へ顕《アラハ》スハ慎《ツヽシミ》ナキトイフモノナリ。ツ、シミナキヲ我《ワガ》マ、トイフ。我儘《ワガマヽ》ニ日《ヒ》ヲ送《ヲクル》者《モノ》ハ後悔《コウクワイ》而已《ノミ》ナリ。後悔《コウクワイ》ハアトニクヤムトイフコトナレバ、アトニクヤミタトテ、アトヘハ戻《モド》ラレヌナリ、此《コノ》ユヘニ、今《イマ》ヲツ、シミ守《マモル》ベキコトナリ。

サテ又手《マタテ》次《ツギ》ノ寺《テラ》ノ恩《オン》ヲ知《シリ》《ツ》テ能勤《ヨクツトメ》、何事《ナニゴト》ニヨラズ、身《ミ》ニ引受《ヒキウケ》テ執持《トリモチ》イタスベシ。然共《シカレドモ》、アマリ寺贔屓《テラヒイキ》ヲスルト門徒《モント》へワルイモノユへ、内心《ナイシム》ニハ寺《テラ》ヲ思《オモヒ》テ其心《ソノコヽロ》ヲ色《イロ》へ出《イダ》サズ、同行《ドウギヤウ》ノ機受《キウケ》ヨキヤウニイヒテ、寺《テラ》ノ為《タメ》ニ成《ナル》ヤウニコ、ロウベシ。道場《ダウヂヤウ》ハ寺《テラ》ヨリ立置《タテオク》モノナレバ、能従《ヨクシタガヒ》恭敬《ウヤマフ》テ、物《モノ》ヲモ上《アグ》ベシ。寺《テラ》ヨリ立《タテ》テ同行《ドウギヤウ》デタツモノナレバ、両方《リヤウハウ》ノ恩《オン》ヲ忘《ワスル、》コトナカレ。コウイヘバ、道場《ダウヂヤウ》ハ如何《イカ》程《ホド》ノ益有《エキアレ》バ、其《ソノ》ヤウニ彼《ア》ノ恩《オン》モ知《シリ》、是恩《コノオン》モ知《シレ》トハ聞《キコ》ヱヌト思《オモヘ》ル筈《ハヅ》ナリ。人間《ニンゲン》ノ心《コヽロ》トシテハ、ソウ思《オモヘ》ルハ尤《モツトモ》ナリ、サレドモソレハ欲徳《ヨクトク》ニツイテノコト、此恩《コノオン》ヲ知《シル》トイフハ物《モノ》ヲ貰《モラフ》ニヨツテヾハナヒ、因縁《インエン》ニ依《ヨリ》《ツ》テ摠礼《ソウライ》ノ仏《ホトケ》ヲ御守《オモリ》イタシ、朝《アサ》夕《ユフオ》御給仕《キフジ》申《マウス》ニツイテノ喜《ヨロコビ》ニコソ、彼是《カレコレ》ノ恩《オン》モ知《シル》コトナレ。我《ワレ》ハ仏《ホトケ》ヲ御恭敬申《オウヤマヒマウス》心《コヽロ》ノナキ者《モノ》ナルニ、此役《コノヤク》ヲ勤《ツトメ》レバコソト思《オモヘ》バ、マコトニ有《アリ》ガタキ仕合《シアワセ》ナリ。能々思《ヨク〳〵オモヒ》マワセバ、是皆仏《コレミナブチ》智《チ》ノ御恵《オンメグミ》ナリ。此恩《コノオン》ヲ知《シル》トキハ、万《ヨロズ》ノ恩《オン》モ知《シリツ》テ、報《ホウ》ズル心《コヽロ》ハ自《オノヅカラ》アルベシ。恩《オン》ヲ報《ホウ》ズルトイヘバ盍《ナンゾ》ムツカシコトノヤウニ思《オモヘ》ドモ、六ケ敷《ムツカシキ》コトハナイ。唯心一《タヾコヽロヒトツ》ナリ。報《ホウ》ズル心《コヽロ》サヘアレバ、自報《オノヅカラホウ》ジラレル、サレドモ報《ホウ》ズル心《コヽロ》アリトイヘドモ、何事《ナニゴト》モ疎《オロソカ》ナルハ報《ホウ》ズル心《コヽロ》ナキ故《ユヘ》ナリ。ヨク〳〵コヽロウベシ。

扨亦人間《サテマタニンゲン》ハ、電光朝露《デンクワウチウロ》ノ夢幻《ユメマボロシ》ノ身《ミ》ナレバ、思様《オモフヤウ》ニシテ日《ヒ》ヲ送《ヲクル》トモ、何《ナニ》ノ益有哉《エキアリヤ》。亦《マタ》如何《イカ》ニ思様《オモフヤウ》ニ仕《シ》タイトテ、十《トヲ》ガ十《トヲ》ニ思《オモフ》ヤウニハナラヌモノナリ。思《オモフ》ヤウニ成《ナラ》ヌトキハ、是非《ゼヒ》ナク堪忍《カンニン》せネバナラヌ。是《コレ》ヲ思《オモフ》テ、思《オモフ》ヤウニ成《ナル》トキモ随分止《ズイブンヤメ》レバ止《ヤメ》ラレヌコトデモ有《アル》間敷《マジキ》ナリ。依《ヨリツ》テ娑婆《シヤバ》トハ梵語《ボムゴ》ナリ。

爰《コヽ》ニ翻訳《ホンヤク》シテ堪忍土《カンニンド》トイフ。然堪忍《シカレバカンニン》スルハ此土《コノド》ノ習《ナラヒ》ナレバ、万《ヨロヅ》ノコトニ心《コヽロ》ヲツケ深《フカク》慎守《ツツシミマモル》ベキコトナリ。コノ南部《ナンブ》ノ人身受《ニンジンヲウケ》タル本意《ホンイ》ハ、生死《シヤウジ》輪廻《リンエ》ヲ解脱《ゲダチ》センガタメナリ、トアレバ、畢竟《ヒッキヤウ》ハ仏法《ブチホウ》ヲ信《シン》ズルコトヲ憶念《オクネム》スルガ本《モト》ナリ。仏法《ブチホウ》ヲマコトニ信《シン》ズル者《モノ》ハ、何《ナニ》事《ゴト》モ柔和《ニウワ》ニシテ、人《ヒト》ト和順《ワジユン》スル者《モノ》ナリ。コレニヨツテ深《フカク》尊《タフトミ》信《シン》ズベシ。

右書附《ミギカキツケ》候《サフラフ》ハ、永久道場《エイキウダウヂヤウ》役《ヤク》ヲ相勤《アヒツトメ》候《サフラフ》様《ヤウ》ニ与《ト》、我心願《ワガシムグワン》成《ナル》故《ユヘ》也《ナリ》。不《ズ》レ可《ベカラ》二疎《オロソカ》ニ思《オモフ》一。猶亦《ナヲマタ》、此趣《コノオモムキ》ヲ我独《ワレヒトリ》為《タリ》レ得《エ》レ心《コヽロ》共《トモ》、家内之者《カナイノモノ》不《ズ》レ得《エ》レ心《コヽロ》者《ハ》、其益《ソノヤク》鮮《スクナシ》。依《ヨリテ》妻子《サイシ》ニモ折節《オリフシ》為《セ》レ聞《キカ》レ誦《ヨミ》、亦其訳《マタソノワケ》ヲモ以《モテ》二口達《コウダツ》ヲ可《ベシ》レ為《ス》レ聞《キカ》レ言《イヒ》。其内《ソノウチ》ニモ、人間万事塞王《ニンゲンバンジサイワウ》ガ馬《ウマ》デ、善《ヨキ》ガ善《ヨキ》ヤラ悪《アシキ》ガ悪《アシキ》ヤラ、不《ザル》レ被《ラレ》レ知《シ》事《コト》ヲ能々《ヨク〱》可《ベシ》レ為《ス》レ聞《キカ》レ言《イヒ》。何《ナニ》デモ事《コト》ノ有《アル》ニ附《ツケ》、是《コレ》ヲ思出《オモイダ》セバ、可《ベシ》レ成《ナル》レ心易《コヽロヤス》。心易《コヽロヤスキ》キハ悪念不《アクネムズ》レ発《ヲコラ》。悪念不《アクネムザレバ》レ発《ヲコラ》、弥《イヨ〱》心安《コヽロヤス》シ。依《ヨリ》テ来《キタル》儘《マヽ》ヲ其儘《ソノマヽ》ニテ、善《ヨキ》ヲ不《ズ》レ為《セ》レ善《ヨシ》トモ、其悪《アシキ》ヲ不《ザル》二悪《アシヽトモ》共セ一時《トキ》ハ貧成共不《ヒンナリトモズ》二苦《クヤ》ニ病《ヤマ》一。又無《マタナシ》二卑《ヒ》下《ゲスルコトモ》一。富《トミ》テ憍慢《ケウマン》ノ心《コヽロアルマ》有間敷《ジキ》。他人《タノヒト》ノ貧成《ヒムナル》ヲ不《ズ》レ貶《ヲトシメ》、富貴《フツキ》成《ナル》ヲ不《ズ》レ羨《ウラヤマズ》不レ憎《ソネマ》、貧福《ヒムフク》ニモ不《ズ》レ辺《カギラ》。万《ヨロズ》ノ事皆如《コトミナゴトシ》レ是《カク》ノ。人間《ニンゲン》ハ唯心《タヾコヽロ》ノ易《ヤス》キ社《コソ》楽《タノシミ》ナレ、外《ホカ》ニ不《ズ》レ可《ベカラ》二楽《タノシミ》ヲ求《モトム》一。亦苦《マタク》ハ来《キタル》儘《マヽ》ニシテ可《ベシ》レ置《オク》。必《カナラズ》不《ズ》レ可《ベカラ》レ遁《ノカレントス》。能々《ヨク〱》可《ベキ》レ得《ウ》レ心《コヽロ》者也《モノナリ》。

年中行事（略）

于時天保十三壬寅暦六月仲旬書之

釈任教註

俗名為中

解説

松金直美

本書のテーマと構成の意図

「寺檀の思想」と題された本書は、昭和五十四（一九七九）年三月に刊行された、大桑斉による最初の単著である。大桑は、昭和四十九（一九七四）年に三十六歳で大谷大学専任講師となった翌年、父の死去によって善福寺（真宗大谷派、石川県金沢市）住職を継職している。本書が刊行された同年には、四十一歳で大谷大学助教授に就任しており、大学での業務や研究と住職としての法務に追われる、多忙な日々の中でまとめられた一書と言えよう。

大桑は、本書で扱うテーマの意図を次のように述べている。

「寺檀の思想」というテーマそのものの研究は、おそらくいまだなされていないだろう。本書で提示したように、「寺檀の思想」という題名で、寺檀制度に代表される近世仏教の社会的構造と、それをふまえて成立したさまざまなレベルの仏教思想・思惟を総合的にあらわしたつもりである。従って研究史をのべようとすれば、近世仏教史全般にわたるものとなる（「研究史と文献」二二五頁）

本書は次のように構成されている。

はじめに／序章　加賀の任誓／第一章　寺檀関係の形成／第二章　寺請体制／第三章　寺請体制の思想原理／第四章　民衆仏教と教団仏教／研究史と文献／付録一〜三

本書の序章で取り上げられているのは「加賀の任誓」である。加賀の白山麓で十村《とむら》（加賀藩の村役人で、他藩の大庄屋にあたる）の家に生まれるが、京都の学寮（東本願寺教団の修学機関）で学び、郷里の人びとから尊敬を集めるようになった人物である。任誓をまず取り上げた理由について、大桑は次のように述べている。

私事にわたるが、主として社会経済史的方法による教団構造の研究から、思想史研究の方向への橋わたしを試みた最初の研究となったのが任誓を対象としたものであった。その意味からも本書では序章として取りあげ、寺檀関係と近世仏教思想の間をつなぐ位置をあたえたかったのである。（「はじめに」一四頁）

つまり本書は、①社会や教団の構造を明らかにする研究から、しだいに②思想史研究へと転換していく過渡期にあたる。序章はその「橋わたしを試みた」ものであると言い、第一・二章は①、第三・四章は②にあたろう。「序章　加賀の任誓」が第一章に先立つ序章とされたことには、大桑自身の研究の原点であるとともに、近世仏教史が根幹とすべき課題を論述するという意図が含まれているのではなかろうか。その後の近世仏教史に関する研究動向も、①と②それぞれの深化と、①②を架橋しようとする営みによって進められてきた。そのような意味で本書は、近世仏教史の課題と方法の基点を確かめることができる内容とも言える。

「加賀の任誓」から導き出された課題

加賀の任誓は、郷里の人びとから懇望されて上洛し、東本願寺から御書を授与されている。それを契機に、その御書を拝読する十一ヶ村十二日講が始まり、現代にも継承されている。農民として生まれながらも、僧侶に匹敵する見識と人徳を備えた任誓は、整備されつつあった本末・寺檀という体制にとらわれない教化活動をした。そのために危険視されて異義者としての嫌疑をかけられることとなってしまった。一方で、新たな人びとの結びつきを生み出し、加賀の白山麓に御講を基盤とした真宗の土壌が育まれることとなったのである。大桑は任誓事件から見えてきた課題を次のように述べる。

任誓の運動が寺檀制を越えるような方向性をもち、これが寺僧の干渉・弾圧をまねいたということから、教団体制の基本である寺檀制の究明がまず第一の課題となる。大桑は「寺檀の思想」をテーマとする著書の冒頭で、「寺檀制を越えるような方向性」を持つ活動をした任誓を取り上げたのである。そのような活動をした任誓の存在が、大桑に「寺檀の思想」を研究課題にせしめたとも言えよう。（「序章」三五頁）

任誓が村々を結んで作った十一ヶ村十二日講について、次のようにも評している。

寺檀関係とは別に、手取谷の人々を信徒とすることで開創された寺であった。だからこの御書は、手取谷の寺檀関係を超えて、谷全体が一つの地縁的信仰組織に包括されたことを確認するものであった。十二日講はこの意味で、現在東本願寺派が信仰運動として力をつくしている同朋会運動とよく似た意味をもつといってもよい。（「序章」二八頁）

同朋会運動の理念の原点ともいえる昭和三十一（一九五六）年に発表された宗務総長・宮谷法含の「宗門各位に告ぐ（宗門白書）」（『真宗』一九五六年四月号）では、「今日宗門はながい間の仏教的因習によつて、その形態を保つているにすぎない現状である」と混迷する「宗門の実情」を問題視する。その上で「教学について」、明治に登場した清沢満之の「偉大な業績」によって、「大谷派が徳川封建教学の桎梏から脱皮し」たと述べられており、

「いわゆる近世仏教堕落論」(「研究史と文献」二二六頁)にも通じる歴史観が読み取れる。一方の大桑は、寺檀制を越える組織として江戸時代の講に着目し、そこに同朋会運動の理念との共通性を見出しているのである。

本書は「家を基本構造とする幕藩制下の仏教思想の解明を基礎に、幕藩制の本質と寺檀関係を探る」(教育社歴史新書版表紙)ことを目指して執筆された。それは「寺檀関係を問題とし、それに立脚した幕藩制国家を取りあげ、さらに幕藩制教団教学や民衆信仰を考えようとするのは、現代教団を考えようとする一つの礎石を提示したいため」(「はじめに」一四頁)であった。さらに真宗大谷派の機関誌である『真宗』の昭和六十二(一九八七)年七月号に、同誌をより充実したものにしていくため、また反省の資料とするために、有識者の一人として「宗門に望むこと(同朋会運動の課題)」を問われたことに対して、次のように提言した一文が掲載されている。

同朋会運動は、その展開の場を見つめる必要がある。家の宗教(寺檀関係)がおさえられなかった。その結果、家の宗教を基盤としながら一方で個の自覚をいう矛盾におち入っている。家の宗教は核家族化の進行によって解体するかに思われたが、それは直ちに個の自覚へ向かわず、墓を媒介にする家族の宗教、家族の守護霊への希求となって再編成されている。この現状の認識から再出発しなければならない。(傍点は

引用者による）
大桑は同朋会運動と課題を共有しつつ、それが内包する問題性も提起していった。令和元（二〇一九）年十二月、大桑著『江戸　真宗門徒の生と死』（方丈堂出版）が刊行された。親鸞聖人の開かれた真宗という教えは、その門徒にどのように受け止められてきたのか。長年、大谷大学にて教鞭をとる一方で、一寺院の住職もつとめていた大桑が、この課題に迫るため、江戸時代に生きた真宗門徒の信心を確かめた成果を一般読書界に提供する書籍であり、そこで「加賀の任誓」が語り直されている。

主題とその後の展開

本書『寺檀の思想』の主題については、次のようにも述べている。
本書で明らかにしたかったのは、近世民衆の家の成立が寺檀関係の基盤を準備し、それらを檀家として把握することにおいて近世的な寺院が成立し、ここに結ばれた寺檀関係が、幕府によって制度化されて寺檀制度となったということであり、そのとき仏教側も、統制され強制されただけではなく、むしろ積極的にこれをおしすすめたのではないかということである。（「はじめに」一二～一三頁）
このような視座は二冊目の単著で深化される。平成元（一九八九）年三月に刊行された

『日本近世の思想と仏教』（法藏館）の第3編は「幕藩制仏教思想論」と題され、第一章で「幕藩制仏教論への視座」が示された後に続く内容は、本書『寺檀の思想』の第三章を詳述した内容と言える。刊行後、大桑は「私の著書」を紹介する文章で、同書について次のように述べている。

大部分がすでに一度発表したものであり、私の手を離れてしまったものである。それらは、その折々の私の営みにすぎず、古今不滅の真理を表明したなんてしろものではない。いうなれば私の自分史でしかないのである。歴史の研究者としての私が、自分で自分の歴史をたしかめる、そういうものであるから、人様に読んでもらうことだけでも、まことにもっておこがましい。今回このような機会を与えられたのは、読まなくてもいいように説明せよということだ、と受け止めたい。

三部で構成した本書の第3部《ママ》「幕藩制仏教思想論」のほとんどは、自分史の幼児体験ともいうべきもので、今以て私のなかに基調となっているものである。寺に生まれ、寺を継ぐのがいやで、その抜け道に研究者を選んだ。自分を縛っていると思った寺、その源流としての近世仏教を、思想史的に解明しようとしたのである。江戸幕府の統制下の仏教は、幕府から強制されたというよりは、自らすりよっていき、そのイデオロギーになることを望んだ、と考えた。そういう仏教を与えられた民衆は、しかしながら実にしぶとく、それを自分達の自立の手掛かりに組み替えていったのではないのか。このような思いが研究を進める内で次第に強まった。自分にもそれが可能ではないのか、と。(『大谷大学通信』二九、一九八九年七月二十一日)

このように「幕藩制仏教思想論」は、寺に生まれた大桑自身の背景を確かめようとした思想史的営為によって生み出されたのであった。

善福寺の歴史を編む

平成三十(二〇一八)年、大桑は八十歳で自坊・善福寺の寺史『大慈山善福寺史』を刊行している。大学で歴史を専攻して以来、五十年以上前に着手した寺史研究の成果をまとめたものである。門徒による言い伝えを文字にし、すでに文字にされていることもまとめて、一つの歴史として織りなしたものという(『大慈山善福寺史』「おわりに」)。文字にされた言い伝えが読まれることで共通の意識が生み出され、同じ歴史に活きる者という意識の下で共同体が成立する。このように物語を共有することが同朋だという。善福寺の歴史を、善福寺と門徒という同朋の歴史として語ったと、「はじめに」で述べている。そして「おわりに」では、このような寺史を執筆したことについて「少年のころから負わされていた課題を果たそうとしているらしい」と吐露している。大学で歴史を専攻した時、善福寺の歴史も明らかにしてくれると期待されたものの、当時は「そんなものは有閑階級の暇つぶしと切って捨てていた」。その後、善福寺の歴史の始まりを整理するなかで、深い業因を感じたという。

真宗布教の先兵の意気込みをもって、大桑の地に根を降ろし、人々とともに弥陀の本願を頂いて生きようとしながら、一方で本願寺一門という血統にすがっていかねばならないという在り方、このことが善福寺の宿命となりました。（中略）それはこの頃のことだけではなく、江戸時代にも、現代にも尾を引きました。（『大慈山善福寺史』第二章）

寺史と向き合う大桑の葛藤が垣間見られる一文である。一貫して「民衆思想史の真宗」（大桑斉『日本仏教の近世』法藏館、二〇〇三年）を課題としてきた研究動機が、ここにあるように感じられる。

論証と史料

その後の歩みについて大桑は、最後の著作物となった令和二（二〇二〇）年六月刊行の『本願寺教如教団形成史論』（法藏館）で述べている。同書は、前著『教如 東本願寺への道』（法藏館、二〇一三年）で教如の生涯を概観し、教如の生き様を描き出すことが試みられたうえで、残された課題に取り組むために執筆された。その課題とは①教如による教団形成の具体相の解明、②教団形成を基礎づける教如の宗教的理念の究明、である。

大桑は五十年前、真宗教団史研究から研究をはじめるが、勤務先・大谷大学での所属変更（日本仏教史学→国史学）も関わって、思想史学に転向する。それが平成二十五（二〇一三）年の教如四百回忌へ向けて教如研究を進めるにあたり、真宗教団史へと回帰した。本願寺教如の教団形成という主題と、その前提となる①真宗教団史と②教如の救済論（思想史）によって、これまでの研究の軌跡が結ばれる。

このように『寺檀の思想』で示されたアウトラインが、教如研究を契機に改めて近世仏教史の方法として示された。

大桑による大胆な見通しに基づく論証は、時にその実証性に対して問題提起を受けた。ただし大桑が、現代の社会や真宗教団の抱えるどのような問題へ対峙しようとして提示した論証であるかと考えると、また別の読み解き方ができるのではなかろうか。それは我々が試みようとする〝実証〟という営みに、常に付きまとう問題でもあるからである。

平成十五（二〇〇三）年三月、大桑が六十五歳で大谷大学を定年退職する折に刊行された講演録『日本仏教の近世』（法藏館、二〇〇三年）の「あとがき」には次のように述べられている。

思えば、民衆思想史という営為は、須弥山の頂上に住む帝釈天に、海底の深みから地を這うようにして攻め上り、果てしなき戦いを挑み続ける修羅の仕業に似ている。近世思想史の帝釈天は儒学思想史、そして真宗思想史のそれは親鸞思想。通俗道徳や民衆宗教、真宗門徒の信仰などの研究を振りかざす修羅を、帝釈天はまともに相手にしてくれない。いらだつ修羅。本書に収録した講演の過半が大谷大学を会場にしながら、真宗教学への批判的言辞を弄しているのは、いらだった修羅の仕業である。かつて大谷大学において真宗史学は、歴史的事実の考証を任とする帝釈天の下僕であった。民衆思想史が実証よりも論証や解釈を標榜したとき、修羅という宿命が与えられた。

本書は、民衆思想史という修羅の、悲しい営みの記録でもある。

自身が何を課題に、どのような立ち位置から史料を読み、歴史を論述しようとしているのか、自覚的であるべきことが問われている。

大桑は、親鸞聖人七百五十回御遠忌記念出版である全二十五巻と特別巻からなる『大系真宗史料』(法藏館、二〇〇六〜二〇一〇年)の編纂委員の一人として、その編纂へ主導的に携わった。これまで史料として扱われてこなかった伝承・伝記の類を収録した「伝記編」と、最新の研究の成果を取り入れ、基本史料の再編集を行った「文書記録編」の二本立てで構成されている。そのうち、文書記録編15の『近世倫理書』(二〇一〇年)に民間著述の倫理書として、『寺檀の思想』の末尾に付録として掲載された史料三点のうち『農民鑑』と『家久弁』が掲載されている。また文書記録編16の『近世異義争論』（二〇一五年）に東派の代表的な異義事件として「加賀任誓事件」に関する主要な史料が掲載されている。「解題（東派）」の冒頭では、次のように視点と構成の意図を示している。

異義事件は通常は思想史的な問題であるが、本巻では事件として扱い、争論に視点を置いて構成した。最初に事件としての概要を把握する史料を提示し、次いで事件の関連史料、第三に思想的に基本となる史料を配置した。

大桑が生涯かけて往還し続けた、真宗教団史と思想史、両者の課題を背景とすることが確かめられる。『寺檀の思想』で大桑は、近世仏教史が研究課題とすべきアウトラインを示した。そして、その後に取り組まれていったさまざまな研究成果によって、輪郭は鮮明になり、その内容が彩られていった。

大桑は時代を問い、自らを問い続けた。それは史料に基づいて論証する営為であり、歴史学を志す者が学ぶべき姿勢と言えよう。その原点の書に、『寺檀の思想』は位置付けられるのである。

（真宗大谷派教学研究所研究員）

大桑　斉（おおくわ　ひとし）

1937年金沢市生まれ。1960年金沢大学法文学部史学科卒業、1967年大谷大学大学院博士課程満期退学。1969年大谷大学文学部助手、1974年同専任講師、1979年同助教授を経て、1984年同教授、2003年退職、大谷大学名誉教授。2020年逝去。

主著に、『日本近世の思想と仏教』（法藏館、1989年）、『戦国期宗教思想史と蓮如』（法藏館、2006年）、『教如 東本願寺への道』（法藏館、2013年）、『民衆仏教思想史論』（ぺりかん社、2013年）、『近世の王権と仏教』（思文閣出版、2015年）、『江戸 真宗門徒の生と死』（方丈堂出版、2019年）、『本願寺教如教団形成史論』（法藏館、2020年）など多数。

寺《じ》檀《だん》の思《し》想《そう》

二〇二三年　七月一五日　初版第一刷発行

著　者　大桑　斉
発行者　西村明高
発行所　株式会社　法藏館
京都市下京区正面通烏丸東入
郵便番号　六〇〇-八一五三
電話　〇七五-三四三-〇〇三〇（編集）
〇七五-三四三-五六五六（営業）

装幀者　熊谷博人
印刷・製本　中村印刷株式会社

ISBN 978-4-8318-2649-7　C1121

法蔵館文庫既刊より

価格税別

や-2-1
〈方法〉としての思想史　安丸良夫著
安丸史学が対峙し、目指したものとは――。自身の研究や経験を回顧した論考・時評等を中心に収め、その思想的格闘の軌跡を示した歴史学徒必読の名著。解説＝谷川　穣
1300円

ア-2-1
英国の仏教発見　フィリップ・C・アーモンド著　奥山倫明訳
19世紀の英国人らによる仏教表象を分析し、西洋近代において、仏教が称賛や蔑視を交えながら「創造」されていく過程を、オリエンタリズムと宗教をめぐる観点から解明。
1300円

か-1-2
改訂　祇園祭と戦国京都　河内将芳著
創作物を通じて戦国期の祇園祭に託された「権力に抵抗する民衆の祭」というイメージは実態に合うものなのか。イメージと史実を比較し、中世都市祭礼・祇園祭の実像に迫る。
1000円

ブ-1-1
儀礼と権力　天皇の明治維新　ジョン・ブリーン著
日本の「近代」創出に天皇がはたした身体的役割とは何か。天皇はいかにして「神話の体現者」となったのか。従来とは異なる儀礼論的アプローチから迫ったユニークな試み。
1300円

も-1-1
梁の武帝　仏教王朝の悲劇　森三樹三郎著
皇帝菩薩と呼ばれた武帝の餓死、王朝の滅亡は、仏教溺信が招いた悲劇だったのか。類い稀な皇帝のドラマチックな生涯とその時代の精神を描出した不朽の傑作。解説＝船山　徹
1000円

む-1-1

天平芸術の工房

武者小路穣著

正倉院や東大寺をはじめとする花やかな天平芸術の創造にたずさわった工人たちの盛衰を明らかにしていくなかで、古代国家の文化の形成基盤の全体像を考察。解説＝山岸公基

1200円

た-3-1

改訂 歴史のなかに見る親鸞

平雅行著

数少ない確実な史料を緻密に検証することで、歴史研究者として親鸞の事蹟の真偽を究明する一方、民衆の苦難と自らの思想信条とのはざまで悩み苦しむ親鸞の姿をも描きだす。

1100円

か-3-1

増補 菩薩ということ

梶山雄一著

迷いと悟りの世界を生きる菩薩の存在は、大乗仏教の真髄である。大乗仏教がめざした人間像を探究しつづけた著者が最終的に到達した菩薩像と、その生き方とは。解説＝桂紹隆

1000円

キ-2-1

ウィトゲンシュタイン・文法・神

アラン・キートリー著
星川啓慈訳

ウィトゲンシュタインの「文法」概念を宗教研究に応用し、自然主義・相対主義・還元主義をのりこえる視点を提供。そして「本物の宗教」に迫らんとする、宗教哲学の好著。

1200円

か-4-1

死と運命

中国古代の思索

金谷治著

「こののっぴきならない生命とはいったい何なのか」。孔孟、老荘、荀子等の言葉をてがかりに、中国古代における死、運命、欲望に関する思索を討尋する。解説＝中嶋隆藏

1100円

よ-1-1

劉裕

江南の英雄　宋の武帝

吉川忠夫著

劉裕は微賤な武人に生まれながらも、卓越した行動力と徹底した現実主義によって皇帝となった。だが、即位後その生彩に翳りが——。南朝の権力機構の本質を明らかにする好著。

1000円

か-5-1
一遍語録を読む
金井清光
梅谷繁樹 著
一切を捨てた「捨聖」一遍。その思想的背景と生涯を法語から読み解き、巻末では一遍の和讃「別願和讃」を『節用集』『日葡辞書』などを駆使して詳論する。解説＝長澤昌幸
1200円

な-1-2
祭祀と供犠
日本人の自然観・動物観
中村生雄 著
動物を「神への捧げもの」とする西洋の供犠との対比から、日本の供養の文化を論じ、殺生・肉食の禁止と宗教との関わりに新たな光を当てた名著が文庫化。解説＝赤坂憲雄
1500円

さ-4-1
ラジオの戦争責任
坂本慎一 著
戦前最強の「扇動者」、ラジオ。その歴史を五人の人物伝から繙き、国民が戦争を支持し、また玉音放送によって瞬く間に終戦を受け入れるに至った日本特有の事情を炙り出す。
900円

は-1-1
明治維新と宗教
羽賀祥二 著
近代「神道」の形成と特質を仏教までもを含んだ俯瞰的な視野から考察し、「国家神道」に止まらない近代「神道」の姿をダイナミックに描いた、日本近代史の必読文献。
1800円

か-6-1
禅と自然
唐木順三 著
近代という無常が露わになった時代をどう乗り越えるか。その克服の可能性を、逆に無常を徹底させる中世の禅思想のなかに見出した卓異の論考を精選。解説＝寺田透・飯島孝良
1100円

ひ-1-1
無神論
久松真一 著
「絶対的自律」へ至る道を考究し続けた稀代の哲人・久松真一。その哲学の核心を示す珠玉の論考と自叙伝的エッセイ「学究生活の想い出」を収録。解説＝星野元豊・水野友晴
1000円

た-4-1

聖武天皇

「天平の皇帝」とその時代

瀧浪貞子著

高い政治力を発揮し、数々の事業を推進した聖武天皇。「天平の皇帝」たらんとしたその生涯と治世を鮮やかに描写。ひ弱、優柔不断といった旧来の聖武天皇像に見直しを迫る。

1300円

し-1-2

精神世界のゆくえ

宗教からスピリチュアリティへ

島薗進著

なぜ現代人は「スピリチュアリティ」を求めるのか。宗教や科学に代わる新しい思想を網羅的に分析し、「スピリチュアリティ」の興隆を現代精神史上に位置づけた宗教学の好著。

1500円

よ-2-1

日本人の身体観の歴史

養老孟司著

日本の中世、近世、そして現代哲学の心身論から西欧の身体観まで論じる。固定観念を揺さぶり、常識をくつがえし、人と世界の見方を一変させる、養老「ヒト学」の集大成。

1300円

ぎ-1-1

現代語訳 南海寄帰内法伝

七世紀インド仏教僧伽の日常生活

義浄撰

宮林昭彦
加藤栄司訳

唐の僧・義浄がインドでの10年間にわたる留学生活で見た7世紀の僧侶の衣・食・住の実際とは。戒律の実際を知る第一級資料の現代語訳。原書は、鈴木学術財団特別賞受賞。

2500円

と-1-1

文物に現れた北朝隋唐の仏教

礪波護著

隋唐時代、政治・社会は仏教に対していかに関わり、仏教はどのように変容したのか。文物を含む多彩な史料を用いスリリングに展開される諸論は隋唐時代のイメージを刷新する。

1200円

こ-1-1

神々の精神史

小松和彦著

カミを語ることは日本人の精神の歴史を語ること。竈神や座敷ワラシ。酒呑童子、ものくさ太郎に、山中の隠れ里伝承など、日本文化の深層に迫った妖怪学第一人者の処女論文集。

1400円

み-1-1

江戸のはやり神

宮田登著

お稲荷さん、七福神、エエジャナイカ──民衆の関心で爆発的に流行し、不要になれば棄てられた神仏。多様な事例から特徴を解明し、背景にある日本人の心理や宗教意識に迫る。

1200円

さ-5-1

信仰か、マインド・コントロールか

カルト論の構図

櫻井義秀著

社会はカルトやマインド・コントロールの問題にどう対処すべきか。九〇年代以降のメディアや裁判記録などの分析を通じて、これらの問題を考えるための基礎的理論を提示する。

1100円

う-1-1

日蓮の女性観

植木雅俊著

仏教は女性蔑視の宗教なのか？　仏教史における男性観、女性観の変遷、『法華経』における提婆達多と龍女の即身成仏を通して検証し、また男性原理と女性原理について考える。

1300円

お-1-1

寺檀の思想

大桑斉著

近世に生まれた寺檀の関係を近代以降にまで存続せしめたものとは何か？　家を基本構造とする幕藩制下の仏教思想を明らかにし、近世社会の本質をも解明する。解説＝松金直美

1200円

や-3-1

藤原道長

山中裕著

道長の生涯を史料から叙述すると共に、人間関係を詳しく説き起こして人物像を浮かびあがらせる。既存の図式的な権力者のイメージをしりぞけ史実の姿に迫る。解説＝大津透

1200円

た-5-1

安倍晴明の一千年

「晴明現象」を読む

田中貴子著

スーパー陰陽師・安倍晴明はいかにして誕生したのか。平安時代に生きた晴明が、時代と世相にあわせて変貌し続ける「晴明現象」を追い、晴明に託された人々の思いを探る好著。

1200円